Warum
bin ich eigentlich
nicht
glücklich?
Wege zu einem richtig
guten Leben

なぜ私は、幸せではないのだろう？

人生を変える「幸せ型」思考システム

Werner Krag
ヴェルナー・クラーク　小野千穂［訳］

日本教文社

日本語版への序文――ジョーゼフ・ヒックス

（桜美林大学教授・国際交流センター長、前桜美林中学校・高等学校長）

ヴェルナー・クラーク氏に出会ったのは、アメリカ人の私が心理学の交換留学生として北ドイツのミュンスター大学に在籍していたときである。同じ心理学を専攻していた彼と私はすぐに親しくなり、美しいミュンスターの町を一緒に自転車で駆け巡ったものである。

彼は、私がドイツに行く前に描いていた典型的ドイツ人の気質とはだいぶ違っているように見えた。快活で、ユーモアにあふれ、因習に囚われることなく、なにごとも客観的に見てみることを怠らなかった。現在、彼はドイツで心理療法家として活躍しているが、これほど彼にぴったり合った職業はないように思える。二〇代のはじめにアメリカの大学に留学し、早くから旺盛な好奇心と、世の中に大いに貢献したいという思いをもって努力していた。

本書『なぜ私は、幸せではないのだろう？』は、単に心理学の理論を述べた本ではなく、また、一夜にして幸せになる方法が書かれた本でもない。その内容はまず、自分自身の日常を見つめ直すことから始まる。そして、とっくの昔に忘れかけていた夢や、あきらめていた夢を少しずつでも着実に実現の方向にもっていくのだ。そのために、新しい行動をブロックしている思考や、失敗に対する考え方をどう処理するのか、彼は実例を多く挙げながらアドバイスしている。

何を幸せと見なすか、何を成功と見なすかの基準を他者と比べるのでなく、あくまでも自分自身の心の声に耳を傾ける。このことも非常に重要なメッセージである。他者の決めた幸せの基準に基づいて生き、そのことに気づきもせず、見当違いの場所に幸せを求めている人が何と多いことだろう。

日本の中学・高校・大学で教育に携わってきた私は、学生や父兄の抱えている問題に取り組むことが多いが、ドイツにも似たような教育上の問題があることを本書（第4章）から知って興味深かった。そうした意味で本書の内容は、多くの保護者の方々にとっても参考となるだろう。本書は環境問題にも触れているが、教育上の問題も地球温暖化と同じく、グローバル化しているのである。

アメリカ人である私が日本語で、ドイツ人の友人である彼の書いた本に序文を書くことになるなど、ドイツでの学生時代には考えもしなかったことで、大変嬉しくまた光栄に感じる。

本書が日本語で出版されることになって、彼の友人としてだけではなく、一読者として本当に嬉しく思う。一人でも多くの日本の方に読んでいただきたいと願っている。

二〇〇七年五月

日本語版まえがき

「あなたのお書きになった本を見つけたのは、私が人生にほとんど絶望していたころでした。つきあっていた男性との関係はだめになるし、職は失うし、お先真っ暗で、やる気なしの状態だったのです。でも、この本を読んでいくうちに、一縷《る》の望みを心に描くことができ、新しくやり直してみる意欲が持てたので、何度も読み返してみました。そして、本に書いてあることを実行していくうちに、以前だったら絶対に思いもしなかったような大きな変化が起きたのです。新しい人生への扉が開いたみたいに突然コンタクトがあちこちにできて、すばらしいチャンスがいくつも舞い込んできました。とくにうれしいことは、新しいパートナーと巡り会えたことです」

この手紙はある女性の読者から来たものである（ここに紹介することについては本人の承諾を得ている）。幸せを見つける方法をこの本から学んだという知らせを受け取るたびに、私は心から喜びを感じる。

心理療法家の私は、「なぜ私は、幸せではないのだろう？」という心のつぶやきを至るところで聞いてきた。手紙をくれた女性もそうつぶやいていた一人だったのだ。彼女は、ほかでもない自分の「思考システム」が不幸を招き寄せていることに気づき、幸せ型の思考システムに切り換えて、人生を作り変えることに成功したのである。

この本は幸せを見つけるための簡単な方法を紹介するものではない。時間をかけずになるべく早く、できるだけ簡単に幸せになるための処方箋でもない。幸せを招く思考システムに変えるには、私たちの「認知」と「行動」を変えなければならないのだ。私はそのお手伝いができたらと願って、この本を書いた。

ここで私は自己紹介をする必要があるだろう。

私は北ドイツのミュンスター大学で心理学を専攻し、認知療法をはじめとするさまざまな心理療法を学んだ。ミュンスター大学病院や、心理療法の診療所などで実習を積んだ後、現在はフランクフルトの近郊で心理療法家として個人セラピーや、カップルのためのセラピーを行っている。また、企業や高齢者施設などで講義をすることもある。

セラピーの内容は、パートナー間、夫婦間、親子間のトラブルだけでなく、仕事上でのストレスや職場の人間関係、自信喪失、鬱《うつ》、極度の不安、依存症などである。一回のセッションで著しい変化が起きる例もあるが、通常は五回から一〇回のセッションを行う。認知療法では、「認知」（現実観）を変えることでその人にとって問題であったことや感情を変え、次には「行動」を変えることによって、その人が満足と幸せを感じるような人生に一変させることも可能なのだ。

今回、邦訳が実現し、日本のみなさんにも読んでいただくことができるようになって本当にうれしい。私は以前、交換留学生として東京の田無市に二年ほど住んだことがある。そのとき以来、私は日本の文化と人々に魅せられている。そして、私に何か日本の人たちのためにできることはないだろうかと、前から考えていたのだ。

私が日本人と話をしていて思うのは、多くの日本人は相手の考えをキャッチする敏感な「センサー」を頭の中に備え持っているのではないかということだ。このような「センサー」は誰にでもあるのだが、日本人のそれはとくに高性能なのである。相手と話しているとき、多くの場合、それは本人にこう伝える。「そのことは言わないほうがいい。なぜなら、それを言うとあなたは鈍感／攻撃的／ぶしつけだと思われるだろうから。相手が傷つかないようなことを話しておきなさい／相手が望むことだけをしておきなさい」と。それは、「高性能センサー」の長所でもあり、そこから日本人の礼儀正しさ、相手の立場を尊重する態度、社会生活における快適なコミュニケーション環境が生まれる（そういったものを少しばかりドイツに輸出してくれないものだろうか……）。

しかし、ここでちょっと注意しなければならないことがある。感情表現や、個人の幸せの探求や、個人の願望や、個人の目標に関しては、「高性能センサー」がかえって障害になることがあるという点である。礼儀正しさや相手への尊重ばかりに気をとられていると、自分の心の内面が見えなくなったり、見当違いの場所に幸せを探したり、他者があなたのためにお膳立てした人生プランを生きることになりやすいのだ。私は本書で、日本人の美徳である礼儀正しさや相手の立場の尊重という点はそのままで、あなた個人の幸せと、あなたが本当にやりたいことは何かを発見して実行する方法を紹介した。

また、日本やドイツのような先進国でも、「何をしていいかわからない」、「したいことがあるわけでもなく、したくないことはたくさんある」若い人たちが増えている。物質的に不自由なく育ち、心からやりたいことが見つからないまま成人してしまった人たちだ。実際、私のもとにも、困り果てた親が子供（と言っても成人なのだが）を連れてやってくる。そして、親は子供を怠惰だと責め、子供は親を放任主義だったと責め、社会を責め、自分たちが幸せでない理由がわからないでいる。そんな人にもこの本を読んでいただきたい。

ドイツ語版の原書は、今年の九月で第四刷になる。日本においても、本当の意味で幸せな人生を模索しておられる多くの方々に読んでいただけるよう心から願っている。

二〇〇七年五月

ヴェルナー・クラーク
ヴィースバーデンにて

*なぜ私は、幸せではないのだろう？　目次

なぜ私は、幸せではないのだろう?

✶人生を変える「幸せ型」思考システム

第1章……日常の平凡さか、流れに逆らって「エネルギー源」を求める道か

彼は無味乾燥なオフィスに座っている。右も左も書類の山だ。隅のゴムの木は枯れかかっていて、このつまらない雰囲気に似合っている。

電話だ。

「またか。今度は何をしろっていうんだ？　重要なことなんかないだろうに」彼はぶつぶつ呟きながら受話器をとる。上司が会議用資料の提出を待っている。それも大至急！

こうして働いていても、彼の頭の中には目標がある。五年前から転職を望んでいるのだ。このカビ臭い小さな部屋と書類の山には結局のところ気が滅入るだけである。

同僚たちは専門的なことをよく彼に尋ねる。彼は自分の専門分野ではまあまあだと思っているし、従業員たちや上司たちとはうまくいっている。だが、昇進はしない。毎回、仕事仲間に先を越される。

「あいつら、僕より資格を多く持っているわけでもないのに。それに、同僚や客の扱いは僕のほうがうまい。あいつらは僕のようにできないくせに」彼は長年使い古した机にしがみついたまま不思

議がる。「どうしてあいつら、僕がいることの価値に気づかないんだろう。何と言ったって一番長くいるのは僕じゃないか」と、くよくよ悩み続ける。もっとも、そのことについて上司や会社に何か言ってみたことはないし、行動したこともない。「どうすることもできないよな」彼はそう思い込んでいる。

彼には昔、一つの夢があった。

一生に一度、ヨットでカリブ海を航行すること。そのために一年休むのだ。「疲れ果てた魂をゆっくり休ませよう。自分のヨットのデッキから、蒼穹《そうきゅう》にキラキラ輝く夜の星を仰ぎ見るんだ。波がピタピタと音を立てる。心地よい波音を聞きながらヨットのリズミカルな動きを感じよう。浜辺ではフレンドリーな人たちと一緒に新鮮なココナッツジュースを飲む。一年の間、消耗したバッテリーを充電しよう。妻もそうしたいと言った。以前は……」

しかし、彼らはそのことについてもう話さない。その夢は何年も前から、心のずっと奥に埋もれてしまっている。それは内面の最も奥深いところに隠れているが、このような瞬間にふとかすかな痕跡となって、ほんのちょっとの間だけ姿を現すのである。

彼は仕事を変えたいと何年も思っていた。今いる職場では自分の実力と能力を活かすこともできず、使われないまま無駄になっている。自分が日光不足と水不足で枯れてしまった花みたいな気がする。初めのころは仕事に情熱があったが、長年たつうちに情熱の燃え盛る炎は小さな灰の山と化した。また、自分は大きな機械の取るに足らないちっぽけなパーツのような気もする。ここでは実際、**意味あることは何もしていない**という感じがしてならない。最近、定年退職後のことをよく考える。「定年後、時間ができたら、すべてが変わるかも。だが、もうそれだけなのだろうか？」

彼はこんなことを考えて頭を上げる。表情がこわばり悲しげになる。そして、部屋のゴムの木の向こうに見える青空に目を向ける。そのとき、出入り口で足音がして、誰かがドアをノックする。彼は仕事に忙しいふりをして、ファイルの山から新しい書類を手に取る。


場所を変えよう。

イレーネは結婚して一〇年。「幸せです」と彼女は言うのだが……。

夫のペーターは地元の銀行で重要な地位にいる。子供は二人。はじめ、セックスにはいつも非常に満足していたが、この数年というもの日増しにつまらなくなって、イレーネはただの義務的行為と感じるようになった。

ペーターはキャリアを積んで、部長の椅子の候補者である。だから残業がすごく多くて、子供たちを世話する時間はろくにない。以前は週末にハイキングをしたり、長い時間おしゃべりに花を咲かせたりすることもできた。しかし、今はもうそんな時間はない。ペーターの帰りは遅く、くたくたに疲れ果てている。じょじょに、すべての感激や情熱は日常のいらいらした気持ちと無関心へと変わってしまった。毎日が昨日と何ら変わることなく進行していく。

明日もまた同じだろう。「でも、結婚一〇年ともなれば**そんなものだろう**」と、イレーネはあきらめている。だが、彼女はこれまでにそれについて何か言ってみたことも行動に出たこともない。むしろ、こう考えている。「いい奥さんというものはこんなことでキレてちゃ駄目なんだ」

「ピーッ！」洗濯機が「完了」を知らせた。「洗濯物を干さなくちゃ！」

私たちの周辺にはこのような人々が大勢いる。多くの人たちは大体こんなふうに人生を送っているのだ。私たちの社会における実際の「精神的な破局」とは、いわゆる「仲間はずれ」や派手なけんかや争いなどではなく、大きな衝突や対決などでもない。それよりずっと悪いのは、何年も何十年も、結婚相手や友人たちや子供たちや上司や同僚たちとの間で絶えず生まれている、小さくて気づかないフラストレーションや、心が傷つけられた経験や、ネガティブな体験なのである。

一つのことだけを見ればささいなことだ。しかし、塵《ちり》も積もれば山となる。対策を用意していないと、私たちの人格はそのような体験によってネガティブな影響を受け、知らないうちにひどく歪められていく。誰もがこのような例に身に覚えがあり、何らかのかたちで過去に経験しているのである。たとえば、次のようなこともあったかもしれない。


「Mのやつ、おれが頼んだ書類をまだ提出してこない。もう三回も言ったのになあ」

「課長に渡した私の一生懸命作った企画書は、書類の山の下で何カ月も眠ったままだわ」

「また一人先を越された。僕のほうがずっと仕事ができるのに」

「楽しみなコンサートだったのに、またも〝急用〟ができて行けずじまいだ」

「夢だった旅行をまたキャンセルだって。今は都合が悪いっていうけど」

「二、三カ月たてば、きっとすべてうまくいくだろう。だからこの次に」

「ここの仕事はほんと退屈でつまらない。辞めてもっといいのを探そうか」
「夢にまで見た南太平洋への旅。そろそろ実行しようか」
「だめな彼にサヨナラを言う時期がとっくの昔に来ているのでは？　でも今はまだ都合が悪い。何かあったわけじゃないし。かと言って明日のほうが都合がいいとも思えない。来週も無理。来週は重要な仕事の約束が入ってるから」

そうやって、私たちの人生は過ぎていく。一日一日、一月一月、一年一年と。昔の大きな計画や、スリリングなプロジェクトはほったらかしにされ、ひっそりと静かに音も立てずに粉々になり、識別できなくなるまでになってしまった。それはかつて、よき人生、豊かな人生を送るためにあったのだが……。

私たちの人生の喜びは少しずつ縮小していき、「感激する」という言葉は話に聞くだけか、過去の言葉で、そんな「知らない言葉」は現在では何のインパクトもない。それに反して、いらいらと味気なさは絶えず増え続け、私たちの存在のあらゆる部分に入りこんでくる。歳月がそのように過ぎ去るとき、後悔しながら過去を振り返る。「あのころ、ああしていれば、こうしていれば、もっとよかったんじゃないか……。でも、もう遅すぎる」結局、人生は私たちが本当に望んだものや夢に描いたことを与えてくれなかった。それどころか、奥深いところにある漠然とした不満の感情がずっと続いている。

だが人生は、本当にそんなものなのだろうか？

ヘンリー・D・ソローは、小説『ウォールデン　森の生活』の中で次のように述べた。

「大部分の人々は、無言の疑問を抱いて人生を送っている」

厳密には、今述べたようなネガティブな体験が、あなたの人格の発展に必ずしも決定的な意味を持つのではない。あるいは、満足のいく人生に危機をもたらす要因となるのでもない。しかし、ここに描写した体験は今日初めて起きたものではなく、それどころか何年にもわたって同じようなことがあったはずなのである。ここにあげた例は、一夜過ぎたあとの結果を示すものではなく、人生の喜びや、わくわくさせるようなことが長期間侵食され続けた結果なのだ。人生に「わくわく」の代わりに、人生に「いらいら」なのである。

このプロセスに意識して目を向けず、ものごとをただ受け身で耐え、何もしない。決断の時期が来ていても明日、明後日と先延ばしにし、ものごとがうまくいかなければ他人のせいにする。そういうことを今あなたがしているとしたら、これらのネガティブな体験はひとまとめになって、長い年月の後、あなたの人格の中に一つの消しがたい痕跡を残すことになるだろう。生きる喜びや、新しいことをしようとする意欲や、感動に満ちた人生に転換しようとする意欲はじょじょに、しかも高い確率でゼロに近づいていく。そして、ここに述べた私たちの行動様式は、ゆっくりではあるが確実に、喜びがなく、ネガティブで、だらだらした、意欲のない人間を作っていく。そして同時に私たちの人間関係をも汚染する。すなわち、こういうことだ。

【私たちは、自分の内面に起きていることを外界に放っている】

感激と喜びがある生き方をすれば、あなたは感激と喜びを外界に放つことになるだろう。そして、いらいらして不満を抱いて生きれば、同じように、いらいらと不満を外界に放つのだ。他者は気づかないだろう、と思わないほうがいい。

しかし、ここでは他者についてではなく、あなた自身のことを考えることにしよう。あなたが、ここに述べたようなことをどのようにして避け、喜びに満ちた人生を送ることができるかが重要なのである。

ここで、どこにでもあるような普通の会社を見てみよう。

やる気のない社員ばかりで、管理職の人間は受け身で生きており、イエスマンや欲求不満の人たちであふれている。彼らは飲み仲間の集まりだけに慰めを求める。内面の空虚さを埋め合わせて感じないようにするために、新車や高い腕時計を買ったり、きれいなマンションに引っ越したりする。ただしそれが有効なのは短い期間だけで、その後は元の木阿弥《もくあみ》だ。不満だらけの感情と内面の空虚さが戻ってくる。このネガティブな感情はまた家族やパートナーにも影響して、人は**〝奇妙な重ったるい疲労〟**を感じる。そして、人生がしだいにがんじがらめになったような気がしてくる。

多くの場合、その全体像は、恐ろしいまでの夢の欠如が加わって完成する。個人的な未来像も、より良い世界についての個人の理想像もない。魂が揺さぶられるような使命を感じさせる、心を満たす仕事もない。本物のプロジェクトがあれば熱中してそれを実現することができ、自分が地上のこの場にいるのはこのためなのだと思えるだろう。私たちは、その感動を得るという目的のために、ほとんど無限の可能性をそなえているのに。ところが、代わりに、広範囲に感染するあくびと、やる気のなさと、不平たらたらの無気力が広がっていく。退屈と不満という生き方。そのとき、最後の逃げ口として、ある幻想が養われる……。「定年後、時間ができたら、もっとうまくいくだろう」

そのときはすべて変わっているかもしれない。しかし、今の人生において新しい方向と、新しい意味やエネルギーを見つけるために、なぜ誰も何もしないのだろう？　自分の人生への主導権を持とうとする人があまりいないのはなぜだろう？

あなたは、朝が来るのが待ち遠しい人生を送っているだろうか。それは独自の信念に沿うような、生きる価値のある人生だろうか。生き生きとして創造力を生み出し、嬉々として行動する人生だろうか。そのような人生だけが、生物学的な意味だけではなく、生きる喜びと行動意欲という意味で、実際に生きているということを日常的に感じさせてくれるのだ。

「よく言うよ！」背後から懐疑的な声が聞こえる。

「そんなの全部理屈じゃないか。私は収入が必要で、世間に逆らうわけにはいかないんだよ」そして主張する。「そんなことがうまくいくわけない。できることは何もない。そういうものさ。人は現実に立ち向かわなくちゃならないんだ」

それはよくある、不満だらけの人生に共通する大いなる「総論」だ。

「それはできないよ。私たちにはどうしようもない。そういうものだよ」

いわゆる「現実」が言い訳として何度も利用される。「だから、この話はもうやめだ。終わりにしよう！」そして、人生は憂鬱《ゆううつ》な行き止まりになる。狭くて灰色で、行き止まりの先にあるのは「無」。それでいいのだろうか？「災いは芽のうちに摘《つ》め」という有名な文句もここに当てはまる。そして後に、後悔の念が訪れる。

「あのとき、チャレンジ一杯の仕事のチャンスがあったのに。あのチャンスをつかむべきだったのでは？」

「最初のときに、問題があるということをきっぱりと（でも丁寧に）指摘するべきだったのでは？拒否すべきだったのでは？」

「一回目のときに、状況改善のための提案をするべきだったんじゃないか？」

「私はどんなことが好きなのか、彼／彼女にはっきり言うべきだろうか？」

「悪い習慣は二〇年前にやめるべきじゃなかったか？」

「世界旅行は永遠に夢のまま？　いったいいつ実現するの？」

この「何々すべきだった」という言い方はあなたの中で今やインフレ状態。そして身動きできないでいる。自分の人生を前向きでなく、後ろ向きに分析しているのだ。「次回はすべてうまくいくだろう。次の、その次はなんとかなるだろう。来年こそはきっと」こんなふうに年月は過ぎていく。

白髪はさらに増え、皺《しわ》はいっそう深くなる。しかし、何も変わっていない。変わるどころか何もないから、身体と精神状態はよくなるどころか悪くなる。

長年、心理療法に携わって、多くの人たちの人生を再構築するお手伝いをしてきた私に言えることは、あなたが人生を自分で決定して生きたいと思うならば、また、個人としての生活や仕事に満足したければ、あなたの中に眠っている勇気を目覚めさせることが必要だということだ。思いやりの心と自信に満ちた粘り強さを持つ勇気。自分がどんな立場にいるかを知り、自分を取り巻く周囲と交渉して取り決めるという勇気。

この状況に引き続き耐えていこうか。それとも新しく決め直そうか。あなたはそこで妥協することもできる。だが、人生という車に乗ってハンドルを握っているその時とは、この〝今〟なのであり、一〇年後、二〇年後ではない。今が自分のプロジェクト、自分の夢、自分の未来像を実現するそのときなのである。

待つというのも一つの方策であるが、たいていの場合、最善の方策ではない。小さな歩幅でも正しい方向に向かうと、あなたの精神状態はよくなるだろう。自信がつき、状況がもっとクリアになってくる。そして、似たような状況に直面したとき、前よりも手際よく処置できるだろう。第4章で述べることだが、実は幸せの体験というのは、運や、あなたを取り巻く環境とはあまり関係がないのだ。決断力や決断する意志が湧いてくるかどうか、ものごとを先延ばしにしないか、葛藤に耐えて続けられるか、リスクを受け入れるか、といったことに大きく関係しているのだ。

【「源泉」を見つけるには流れに逆らって上るしかない】

この本があなたにとって、充実した新しい人生への橋、エネルギーに満ちた出発点を見つけるのに役に立てばと願っている。勇気をよみがえらせよう。昔描いた夢を思い出して新しいことを夢見よう。あなたが本当にしたいことを、心の声を聞いて見つけ出そう。いつもしたいと思っていたことをしよう。舵をとって方向を変えよう。自分の人生における大きなチャンスを見定めて実行に移すのだ。人生のチャンスが泡となって消えることがないように。自分はこれをするために地上に生まれたのだと思えるような、生きる喜びを感じよう。自分にだけできる役割を見つけ出し、世界中どこを探しても誰も自分の身代わりにはなれない、というユニークな存在になろう。これがあなたのするべきことであり、しかもそれは、今であって、来年でもなく、五年後でもない。

だが、「夢は何か」、「やりたいことは何?」と聞かれても答えられない人が中にはいるだろう。そんな人にまず知ってほしいことは、夢や願望はそもそも壮大なものである必要も、大きな車や家がほしいといった物質的なものである必要もないということである。

たとえば、あなたはこれまでに転職のことを考えてみたことがなかっただろうか。転職とまでいかなくとも、少しばかり違った内容の仕事をしてみようかと思ったことがあるかもしれない。あるいは音楽や絵のような芸術の勉強をしてみたいとか、旅行したいと思ったことはないだろうか。

ここに、夢や、やりたいことをどうやって探したらよいかわからない人にぜひ試してほしい非常に有効な方法がある。それを実行するには、休日の静かな午後、二時間ばかり時間をとっておくといいだろう。まず、紙と筆記用具を用意しよう。それから、リラックスして、自分がやりたいことを考えてみる。そのとき頭に浮かんできたことを自由に書き出してみよう。自分の心の中を覗《のぞ》いて、偽りのない気持ちに耳を傾けるのだ。

　評価をさしはさむことなく、想像力をできるだけたくましくして、クリエイティブにどんどん書きつづってみることがコツである。リラックスした後、頭に浮かんだことを書きつづるというこのやり方は、以後も本書で繰り返し述べることになる重要な方法である。

　より良い人生のためにあなたが本当にやりたいことや夢には、実現の芽が育っていく用意がすでにできている。

　願望と夢は、他の人たちが実現させているように、あなたの人生でも実現可能なのだ。お気づきだろうか。今ここに書いたことを読んでいるだけでも、あなたの内面で勇気と将来への確信が育ち始めるような感じがするのではないだろうか。願望とアイデアは、呼び覚まされ、奨励され、思う存分発揮される必要があるのだ。

　私がこの本の中で示したいこととは、次に述べるような人生をあなたが生きるための、認知心理学の原理に基づいた実現可能な方法である。すなわち、夢や願望や目標を達成して、より深い満足を得る人生。自分にもっと満足して、迷いのない態度で生きる人生。つまり、もっと幸せな人生、不安がより少ない人生、もっと多くの感動と夢のある人生である。

あなたの残りの人生は、今日始まる。できることは山のようにある。さあ始めよう！

1 ✶ イエスマン、フラストレーションだらけの人、プロ意識に欠けた人

こんなことがあなたにも起きたことがあるかもしれない。

《例1》

タクシーに乗り込み、行きたい場所を告げる。だが、運転手は目的地を聞いて、にこやかに応答するどころか、不愉快な顔をする。近すぎて稼ぎにならないのだろう。それが伝わってくる。

しぶしぶという感じでタクシーは動き出す。運転手はあなたに目もくれず、走っている間もまるで墓の中にいるように押し黙ったままである。運転手は氷のような冷ややかな態度で、神経のいらだちを隠さない。

やっと到着。運転手がトランクを開けてくれないので、「すみません、スーツケースがあるのでトランクを……」と遠慮がちに頼む。運転手の態度は依然として冷たい。「どうも」くらいは言うだろうか。

タクシーが去る。あなたはスーツケースを横に、むかむかして立っている。

《例2》

あなたはスーツかドレスを買おうとしっかり心に決めてブティックに入った。店員がうつろな目つきであなたを見る。店員はあなたが何を探しているか本当にはわかっていないし、わかろうと思ってもいない。あなたの希望をぼんやり聞くだけ。あなたに心から接しようという態度はない。あなたが選んだ何着かの服のよしあしを言うこともできない。「店員として働きたくて、この仕事に就きました」という印象は受けない。実際、その店員はあなたに何も売りたくないどころか、何もしたくないように見受けられる。あなたはいらいらしてブティックを出る。

《例3》

電化製品の製造元の顧客サービスというのも似たようなケースだろう。使用方法やら保証書やら、他にもいろいろ説明書きの後に、やっと小さく印刷された電話番号を発見する。電話をすると、「○○をご希望の場合は、1を押してください。××をご希望の場合は、2を」……そこから選ぶと、また「△△ならば、1を。□□ならば、2を」と、ややこしいこと。我慢強く待っていると、運よく電話の向こう側についに人間の声が。

だが、その声の主は、「担当の者ではございませんので、恐れ入りますが他の番号をおかけください」とすげなく述べるか、「お客さまの問題をもう一度詳しくお伺いしたいので、折り返し電話を差し上げます」と約束する。そして、一時間以内にかかってくることはめったにない……。

こういった例はあげ始めたらきりがない。

以上の例でわかるように、この場合あなたはプロ意識に欠けた人たちに出会ったことになる。彼らはちゃんとした仕事を持ってはいるが、仕事とは名ばかりで、務めを放棄しているのだ。こういった人々は——どんな理由であっても——自分の職業をろくに考えずに選んだのだ。つまり、まずは収入を得ること、それもできるだけ働かずに。だらだらと働くこと、プロ意識のなさ、ごまかし、それらが仕事の内容である。

私たちのプライベートな人間関係の中にも、プロ意識に欠けた人がいる。それは男性に多い。はったり屋で口先だけのタイプだ。会ったすぐは非常に愛想よく、すばらしい人のように見えるかもしれない。花やチョコレートをプレゼントに持って来るし、遊ぶことにかけては頭の回転が速い。人に深い印象を与え、刺激的でおもしろい。

しかし、このタイプの人間は数週間後には、全体をストレスと感じるようになる。たとえば、恋愛に酔った最初の時期が過ぎて、実際の関係が始まるころから、他の女性（男性）に目を向けるようになる。彼らは、簡単な手口で、しばらくは相手の気をひくことに成功するが、べたべたするうちに煩わしく感じてくるのだ。そうなると彼らはもう簡単には楽しめなくなり、深い関係につきものの精神的ないざこざが始まる前に逃げ出すというわけだ。「次の女性（男性）とだったら、こんなふうではなくて、きっとうまくいくさ」

彼らには表面的な問題解決がすべてなのだ。それ以外のことは労力の無駄。時間がかかりすぎるし、大変すぎるし、今すぐの楽しみには役に立たない。こうした人たちは、ものごとの修練や熟達という話は聞きたいと思ってもいない。彼らは例の「目先のことしか考えないこと」の虜《とりこ》になっているのだ。彼らは短期間で楽をしようとする。すべてに関して、巧妙にごまかし、切り抜けるのがうまい。そのために長期で高度な目標を犠牲にしているのだ。

この種の行動はまずこの人たち自身にはね返ってくる。遅かれ早かれ、人生の意義を考えるときが訪れたとき、大きな危機感を抱くだろう。そうなる選択を彼らはしたのだから。全体的な目標がないということが、しだいに問題になってくる。時間がたつにつれ、人生の舵をとって方向転換することがだんだん難しくなるのだ。平凡で低いレベルを脱出することなどもはや望みもせず、なんとか自分のいる境遇に妥協する。高いレベルに達した名人的技能や、ある職業がもたらす深い満足感など、このような人々にはおそらくずっと得られないままだろう。恐れと怠惰が微妙なかたちで非常に強く彼らを支配しているのだ。最後にはこれらすべてが当人の人格をひどく歪め、人生で抱く感情はフラストレーションと深い絶望になってしまう。これについては次の章で述べることにする。

先の例とは違うタイプの例をあげよう。多くの小さな精神的トラウマから身を守ることができなくて、遅かれ早かれイエスとしか言えない人間になってしまう人たちである。彼らは、ノーと思っていてもイエスと言ったほうがいいと学んできたのだ。自分の意見は基本的にない。あったとしても、回りくどく表現するだけか、思っていることを決して明らかにしない。いずれにせよ、彼らは自分の状況を明確に伝える方法を忘れており、他者にそれなりの印象しか与えられない。つまり、自信なさげ、不明瞭、不器用といったふうに見える。

それに、彼らはコインの反対側に相当するタイプの人たちを引き寄せてしまう。つまり、あれこれとやかく指図をするタイプの人たち、マネージャータイプの人たちを。そういう人たちはこのイエスマンたちにどっちを向かせたらよいか知っていて、どの道を進むべきかすすんで指図する。この二つのタイプはまるで鍵と鍵穴のようにぴったりマッチして、双方は相反する精神的極端さを持つ不幸なコンビになる。そして、うわべだけの平和に同意する。プロ意識の欠如した人たち、低いレベルに妥協する人たち、フラストレーションでいらいらしている人たちが結んだ協定がこれである。

また、双方は時間がたつにつれて自分の役割に固執するようになる。そして、この役割から逃れにくくなり、新しい行動様式をとることが困難になる。それによって彼らは互いに現状を固定化する。そして、この状態から抜け出せるように導いてくれるかもしれない可能性、つまり学びと選択の可能性を捨てる。仕事とプライベートな人生の目標である「満足」を、双方が断念するのである。

低いレベルへの妥協や、フラストレーションという忍び寄る伝染病はまた嫌な性格を持っている。それはプライベートな人生において容赦せず、知らず知らずのうちに私たちの人間関係を侵し、ネガティブ志向で汚染する。そうして、あきらめと不機嫌は、伝染性のある悪性ウイルスのように広まっていく。ここで述べた行動様式は残念ながら稀なものではなく、私たちの「社会心理的な現実」の大きな部分を占めている。

だが幸いなことに、この窮状から出る道がある。フラストレーションとプロ意識の欠如は人生の宿命でもなく、とりわけ自然の法則でもない。この二つを積極的に変えることは可能である。人生の舵を方向転換することは、数え切れないほどの人たちの成功例が証明しているように、可能であることは疑いない。しかし、大部分の場合、人生の危機にまったく直面しないですむというわけにはいかない。それによって私たちは苦痛を伴いながらも安楽ゾーンから脱出できるのだが、しかしその危機が、最後には変わるための力になるのだ。あなたが今、危機に直面しているとしたら、この本はまさにあなたのためにある。危機と機会は常に隣同士なのだ。

たいていは、危機がなくて好機だけだったらいいのにと思うだろう。しかし、正直なところ、危機と好機、どちらかだけということはないと私は多くの人たちの例から知っている。数々の深刻な危機を苦しみ抜かなかったという人生の成功者を私は一人も知らない。そして、多くの危機が最後には、かつては単なる夢であった成功や満足をもたらしたのである。つまり、危機は偉大なエネルギー源になる可能性がある。それをもとにして、人生で好機をつかんだり、目標に向かって進んだりすることができるのだから。

2＊人生での「成功」とは？　そして「甘い誘惑」「内面の空虚さ」とは？

成功とは？
しばしば笑うこと。
聡明な人たちからの尊敬を得ること。子供たちからの愛情を得ること。

正直な批判を受け入れること。ニセの友人の裏切りに耐えること。美しいものがわかること。他者の中に最もよい部分を見つけること。子供を健康に育てたり、庭をきれいにしたり、この社会を住みやすいところにして、世界を少しばかり良くすること。「あなたが生きているから、私は生きるのが楽になった」と思ってくれる人が、一人でもいい、そう思う人がいることを知ること。成功したというのは、そういうことだ。

——ラルフ・ウォルドー・エマソン

成功は幸せとどんな関係があるのだろう?

成功は幸せの弟分か妹分であるのだが、成功と満足については誰もがいくぶん異なったふうに解釈している。何を成功と見なすかはどうでもいいだろう。成功の定義の問題などに私たちはかかわりあってはいられない。そういうことは「象牙の塔」に住む学者たちにまかせておこう。私個人は、ビジネスでの業績達成、高収入、昇進といった定義よりは、エマソンの成功の定義がずっと好きである。だが、すべての道はローマに通じるといえども、その道は数多くあり、回り道もある。

ところで、外面的には非常に成功していても、内面ではひどく不幸な人もいる。仕事や、私生活や、あるいは趣味の菜園作りでもよいのだが、つまり、人生のある分野で、ささやかなことであっても、少なくとも一つの面では成功したという気持ちになれなかったら、自分は幸せだと感じることは難しい。

では、真の成功とは何だと言えるのだろうか？

サッカー選手はなるべく多くボールをゴールにシュートして成功したいだろう。彼らは実際にそれを成功と呼べる基準にして、自分の努力すべき核心と見なす。このような目標は証明することが比較的簡単で、見てすぐわかる。他の目標はもっと複雑だ。牧師であったら、成功と呼べる基準をサッカー選手の目標と同じにするわけにいかないのは当然だ。成功について完全に異なる基準を見つけなければならないのだ。獣医と銀行員、この二人にとっても成功の意味はそれぞれ完全に違う。

一般的に、成功して満足している人たちは、**自分の人生のために自ら選んだ未来像に対する強い思いを貫き通した人たち**なのだと言える。この世をより良くしようとか、より良い人生にしたいといった未来像は、決して枯渇することのないエネルギーとインスピレーションの源泉となる。特にその人生の道が失敗と障害の多いイバラの道であるときには、また、困難が今すぐ克服できると思えないときには——。自分の未来像の燃え上がる炎がすばらしい方法で手を差し伸べてくれる。それでこそ私たちは、積極的に問題と取り組むことができるようになるだろう。そして、多くの問題は単に一時的なものであったことと、貴重な学びの体験だったことがいつかはっきりと知らされるだろう。

未来像を実現させようとするこうした人たちには、次のような基本的な精神がある。

【諸々の問題は、私たちが取り組むために存在している】

もちろん私たちは、誰でも問題を持っている。いわゆる「成功者たち」にしても同じだ。しかも深刻で逼迫《ひっぱく》した問題かもしれない。しかし自分には問題や不十分な点があることに気づき、認めることは強さのしるしであり、弱さのしるしではない。成功者たちの場合は、自分の抱える問題のせいで世間一般の人々に見られる精神的麻痺に至ることはない。それどころか、繰り返し経験を積んだ彼らの精神には、そのような場合でも常に行動や決断のできる見通しの力が失われていない。彼らはいつも、だんだん執着してきた自分の習慣を試験台に置いてよく考えてみることができるのだ。同じことの繰り返しと固定化してしまったものをどこで打ち破ることができるだろうか、と。

第4章でこのテーマに戻って、いわゆる人生の成功者たちにはどんな習慣があり、彼らにはどんな決断をするライフスタイルがあるのかさらに詳しく見てみよう。私たちは人生での成功と満足をめざしてシステマチックに努力し、自らをトレーニングすることができる。その基本は、長期間の思考習慣と理解である。新しい思考には明確な決断と積極的態度が伴わねばならない。そのことを私たちはよく納得しておかなければならない。

【思考習慣を変える→決断する→的確な行動をとる】

この三つを実行すれば、問題解決の糸口は見えてくるだろう。急速に解決するということはないかもしれないし、初めに考えていたより難しいと思うかもしれないが、少なくとも解決の兆しは必ず見えてくるだろう。人生での成功と本当の満足は、給与明細や預金通帳の桁《けた》の多さ、「上の階層」との交際、家の大きさや豪華さ、学歴、成績証明書などとはまったく関係がないのである。

ここで、自分の人生における満足と成功について、考え直してみることにしよう。

あなたは個人的に、何を基準に成功したと思うことができるだろうか。それを見つけよう。どのようなことのためであれば進んでやりたいと思うだろうか。何にわくわくするだろうか。どんなことであれば骨折りも困難も耐えてやろうという気になるだろうか。どんなことのために一生懸命に働きたいと思うだろうか。何のためにならば、たとえお金にならなくても、がんばってしようと思えるだろうか。特にこの最後の問いについて考えることは、厳密な判断を下すために重要で、心理的に価値ある出発点を見つけることになる。

あなたの命のモーターをフル回転させるものは何だろう。あなたはどんなことに喜びで頰をバラ色に染めるだろうか。**何のためになら徹夜してもいいと思うだろうか**。あなたがすばらしい体験で得たほとばしるエネルギーを友人や知り合いと分かち合いたくて、目を輝かせ、語って聞かせることとはどんなことだろうか。

私が提案したいことは、私たちの社会のさまざまな分野の有名な偉人たちについて研究するよりも、自分の内面からの声に従うこと、完全に個人的な独自の願望や目標やアイデアを発見することである。なぜならば、一つ確かなことがあるからである。あなたは、あなた個人の道を見つけなければならないのだ。それから、何を成功と呼ぶかについての自分の基準も。

もしあなたが自分自身にとっての成功の基準がはっきりしないと思うならば、ここで一つのシチュエーションを想像してみよう。

今日、あなたは九〇歳の誕生日を迎えたとする。ケーキに飾られた九〇本のキャンドルを吹き消した後、あなたは人生のアルバムを開いてみる。

「子供のころ登頂を夢にしていたアルプスのあの山に登ったのは、退職の翌年だった……」「思い切ってピアノのレッスンを受けることにしてよかった。今、好きな曲をなんとか弾けるまでになった……」「転職して収入は減ったけれど、その後の仕事の楽しかったこと。みんなは信じなかったけど、私は心から満足だった……」

そんなふうに、あなたのアルバムには自分にしかわからない幸福が詰まっていることだろう。だが、数十年後のあなたのアルバムを楽しいものにするには、まず自分自身がやりたいことを知らなければならない。そして、その方法は前にも述べたように、紙と筆記用具と、静かな環境での二時間がありさえすればいい。心の中で未来のアルバムを開いて、思い出したいことを思いつくまま書きとめてみよう。

そして、完全に個人的な幸せに向かって、自分の小道を見つけよう。それが曲がりくねっているかもしれなくても。その道を誰かがあなたの代わりに歩むことはできない。しかし、あなたはそのプロセスを容易にするアイデアと提案を得ることができる。どんなことが重要なのか、また、その道のどこに落とし穴や幻影や障害物が待ち伏せているか、あなたがこの本を読み終えたときにおわかりいただけるだろう。

さて、日常生活における「さしあたり今がよければ」式の魅力に話を戻そう。「とりあえず手っ取り早く解決しておこう」とした結果、不満が残るということがしょっちゅうあるだろう。たとえば、〝小手先の修理〟をするだけ、または一時しのぎに、うわべを飾っただけで本当の改善は明後日か、決して来ない「将来いつか」に先延ばしにする。深く考えもせず、方針を変えようともしないで、とりあえず機能することがわかればいい。いつも、ことがどうにか運べばいいさ、とそれですませてきた。実は、新しい仕組みや根本的な改革や新しい出発点が必要なことが明白だとしても。「さしあたり今がよければ」式の魅力は、一時的な修復をしておいて、長期ではどうなるかということを忘れようとする短期的な考え方のほうが一般に容易だという点からくる。そのほうが不安も少ないし、抵抗感も少なく、努力もあまりしなくてよいし、ことは早く終わる。しかしその場合の欠点は、あなたが短期間しか気持ちよく感じられないということだ。なぜなら嫌なことを忘れようとしただけだから。小さな子供のように、欲しいものが今欲しい、後のことはどうでもいいと思うのだ。依存症はすべてこれに当てはまる。たとえば、アルコールやタバコ、甘いもの、買い物などへの依存。だが、問題はなくならないどころか、フラストレーションと腹立たしさがいつか再び戻ってくる。しかも、倍になって。

あなたが財布を取り出して、この快楽重点社会に参加したいと願えば、至る所であなたの問題には迅速な解決が約束されている。それも、おもしろくて楽しいという保証付きだ。「ビーチでリラックスの旅行。週末のくつろぎセミナーのご予約もお早めに」「ぜひお買い求めください、このシックなドレスを。このすてきな車を。性能のいいこのコンピュータを。これを持てば気分は最高！」と、こんな調子で、息をもつかせぬ快楽文化の誘惑が鳴り響く。

二四時間ぶっ続けのパーティーをする世界。しかしそこで私たちは、特に若い人は確固としていなければならない。このようなとき、誘惑に惑わされてはならないのだ。

大部分のそういったパーティーについて私が好感を抱いていない理由は、**本当は何も祝うことがない**ものだから退屈で、心からの喜びに欠けているという点である。というのは、まず何かすばらしいことが起きて、それで祝うのが本来の道筋なのに、と私は思うからである。たとえば、何週間も必死で勉強した結果、重要な試験に受かった。医者が困難を極めた手術で事故の犠牲者の命を死の淵から救った。マイホームを建てるにあたって、職人たちのことや、銀行や役所に出す書類のことでさんざん苦労した後、ついに太陽の降り注ぐベランダに座って朝食のゆで卵の殻をむくことができた。祝う理由があるのは、そんなときだろう。そこで祝いは楽しい催しとなり、他の人たちと幸せを分かち合いたいという気持ちになるだろう。

だが、人々は普通そのような理由で集まっているのではない。そして、理由がなければないほど、内面は空虚という気持ちが強くなる。それを紛らわすために、「とにかく騒ごう。もしかしたら気分がよくなるかも」となる。

【祝う理由もなく開くパーティーは、空腹感もなしに食事するようなもの】

快楽重点社会にいる人の心は、物の洪水とどぎつい馬鹿騒ぎのせいで乾き切っている。難しい仕事と真剣に努力を続けたからこその楽しみというふうに、両面があってこそ心から楽しめるものなのに、うわべだけで、せわしく忙しいだけの享楽には片面が欠けているのだ。際限なしの単なる享楽と、真の満足とは相容れない。おもしろいことであっても、ぶっ続けでやっていれば喜びは得られない。そこで立ち止まって、次のように、批判的に再検討することが重要なのだ。「私のいる状況は？　私が本当にやりたいことは？」

もし、あなたが、浅くて内容のない娯楽や、「さしあたりよければ」式の解決法や、問題のうわべだけの取りつくろいや、どぎつい物質主義に染まった見方や、何かのステータスシンボルに夢中になっているとしたら、結局のところ満足を見つけ出すことはないだろう。きわめて重大な「内面の空虚感」はそのままなのだ。

札束の詰まったポケット、高級車、重厚な塀の向こうの大邸宅、高価なカフスボタンの下から見えるように計算された高級腕時計、ギラギラ光る宝石。これらが最も好んで使われる戦略だろう。すなわち、世間で言うステータスシンボルを得ようとする行いだ。それらが内面の真空状態や、内面の引き裂かれた状態や、根本において深い不満をほんのわずかでも変えたという例に、私は今日まで一つも出会ったことがない。

物質主義につきもので顰蹙《ひんしゅく》ものの、うるさい「見せびらかし」というのがしばしばある。彼らは自分たちの物質的なガラクタを周囲の人全員に見てもらえるように計算する。この種の殿方やご婦人が口を開くと、いっぺんに正体が明らかになるのだが。この「見せびらかし」はつかの間の無意味で混乱した自己表現でしかなく、怪しげなうわべの仮面の下に、哀れでちっぽけな自我を覆い隠しているのだ。それは、「私がどんなに重要ですばらしい人物か見て！　お願いだから私に気づいて！」と、周りの人全員に向けて必死で伝えようとする必死の試みである。

そして、次に出現した「おもしろいこと」を消費するための息もつけぬほどの忙しさで、じっくり考える暇などない。物質主義的なオモチャの蓄積は、人生の意味が見つかっていないという失敗の代償なのである。物が氾濫して、うんざり気分の洪水が起き、人生の見通しは休むことなく絶望的に狭まっていく。そして、物欲と、深刻になる一方の絶望という悪循環に陥って、がんじがらめになる。

しかし、代償としての物欲に足をとられたこの人たちが内面の空虚さに気づいたとき、それを克服するチャンスが一つだけある。そう、愛情に満ちた親密な人間関係ができれば、その克服は可能になるのだ。

それはパートナーだったり、気の合う友人だったりする。その人は当人の物質主義的な外見を透かして見ることができ、愛そうと試みたのに失敗して内面の深いところが傷ついた、心の中の子供を見ることができるのだ。愛情に満ちた人間関係を通して、パートナーの関係が親密になり心が近づいていくと、この人たちは本当の内面を見せることが恐ろしくなくなる。そして、無意味で騒がしい消費世界から一歩一歩遠のいていく。意味を渇望して乾ききっていた彼らの魂が、ずっと続いてきた不満と感情面での空虚さを、愛で満たすことができるからである。

困難の大風がこれでもかと真正面から吹いてきたとき、私たちが抱える問題の大部分に答えを出すには、一見魅惑的ではないかもしれないが、次のことが必要である。心理的な粘り強さ。自分の未来への取り組みをないがしろにしない忍耐。長期の見通し。完全に明確で強い意志を持てるようになること。フラストレーションに耐えること。このようなことが、支払う必要のある代価である。あいにく割引はしてもらえない。だが、そのおかげであなたはやがて心地よい満足を勝ち得て、人生に本当の意味が感じられるようになり、そのときまで知らなかった人生の深みが現れ、威厳がそなわるだろう。それは、人として生きる目的が成就されたということなのだ。

あなたは深い内面の充足感を感じるだろう。この充足感は、時間をかけて困難と障害を勇気と力で克服するときだけ生じるものだ。この「一見魅惑的でない」考えを無視することはできないのだ。

そして最後に——**あなたがこの世を去るとき、人々にあなたのことで何を覚えておいてほしいだろうか。**この重要なことを、恐れず考えてみてほしい。自分自身の死について考えることを避けたりせずに受け入れよう。それをもっと本当の喜びを広げるチャンス、もっと人生のよき一部となる満足を求めるチャンスとして理解するのだ。あなたにそのチャンスを活かす時間が十分あるのは今なのである。人生での真の充足感への道が、今、あなたの前にある。

第2章……あなたの夢はどこ？——「想像」が「実現」をもたらすプロセス

あなたが船を造りたいと思ったときに、木材を手に入れたり、任務を与えたり、仕事を割り当てるために男たちを集めようと太鼓をたたく必要などない。男たちに、広くて無限の海へのあこがれを説けばいいのだ。

——サン・テグジュペリ

あなたがこれまで創造したもの、成し遂げたこと、今日あなたが自慢に思っていること、このようなものすべてははじめのうちは夢であったか、少なくともおおまかな想像だった。夢や、想像や、幻想は、初めは霧がかかったようにぼやけて、とりとめなく漠然としていただろう。しかし、あなたはきっとそのような状態から事を始めただろう。それから、たぶんそのことについて集中してじっくり考え、他の人たちと話し合い、想像したことを書きとめただろう。情報を集め、量りにかけ、調べ、そしてついに——ここが最も重要なことなのだが——それに実際に取り組み始めた。ゆっくりと、だが確実に、「夢」からひとかけらの「新しい現実」が生まれ、じょじょにこれまでのあなたの夢が実現してきたのだろう。

それは、あなたが次のような認知心理学の原理をちゃんと知っていたということだ。

【「想像」は「実現」をもたらす】

この認識は、私たちが普通考えるよりずっと重要である。見まわしてみよう。称賛すべき最高記録や、科学、芸術、文化における偉大な仕事はどのように成し遂げられたのだろうか。

ゴットリープ・ダイムラーとカール・ベンツにも一つの夢があった。「車輪に乗った蒸気機関」。それは初めのころ、ガタガタとうるさくて悪臭を放つ怪物で、誰も見向きもしないようなしろものだった。だが、それは今日では五歳児でも知っているものに成長したのである。

人間の遺伝子とその複雑な相互作用に取り組むがん研究者にはみな、がんを征服したいという一つの夢がある。

すべての看護師には、病人が早く健康になるよう手助けをしたいという夢があったはずだ。病人が健康を取り戻したとき、その人たちの輝く瞳、感謝の気持ちに満ちた瞳を見たいと思っただろう。

経済社会でもあっぱれな仕事をやってのける人がいる。たとえば、クラウス・プレンツケというドイツ人はＩＢＭに勤めるサラリーマンだったが、自分の会社を持つのが夢だった。そして、ＩＢ

Mのように大企業だけと取引をするのではなく、自分の会社は中小企業を相手にしようと決めて、ＩＢＭを辞め、独立した。今日、彼の会社はドイツのコンピュータ関連企業では一流となり、世界各国へ進出している。

　私たちの社会では夢を思い描くことがなさすぎる。「現実主義」と言われてはいるが、実際はほとんど体制順応主義で、退屈な単調さを生きているだけである。あなたが夢を話せば多くの場合、問答無用。夢を壊すような言葉があなたに投げかけられる。たとえば、「それは無理だ」。また次のようにも言われる。「そんなことなら私たち、いつもやってきたでしょ」「あなたはそれについて何もわかっていませんね」

　あなたのためなのだからと称して、「現実的になる」よう駆り立ててくる人々の言葉に萎縮してしまわないようにしよう。この人たちは、自分自身に向かってそう言っているのだから。なぜなら、彼らには甘い葡萄《ぶどう》の房があまりにも高いところにあるものだから届かないのだ。彼らはあなたを、この退屈な低いレベルにずっととどまらせようとする。感激や行動意欲にブレーキをかけ、あなたの新しいアイデアを芽生えの段階でひねり潰《つぶ》すのだ。あなたのような人はこのような人間たちにとって心理的な面で危険すぎるのである。さもなくば、自分たちの不満だらけのライフスタイルが突然明るみに出て、決して真剣に取り組んだことのないチャンスや取り逃がしたチャンスについての不愉快な思いが明白になってしまう。

「そうなってたまるか。退屈さと低いレベルに妥協するという道であっても守るべきだ。その道ならば熟知しているじゃないか」

あなたを「連れ戻す」ことに成功すると、この種の人間たちは気分が少しはよくなる。だが、そのような考えをすることにかけてプロ級のこの人たちに譲歩する必要はない。あなたには自分の夢を思い描く権利がある。——それはもう義務と言っていいくらいだ。この世に変化をもたらすためにあなたがしたいと思っていることは何か。あなたが深く感激することは何か。あなたが生きがいを感じることは何か。後世の人々にあなたのことで思い出してほしいことは何か。創造性とアイデアのきらめきが降り注ぐ真ん中に自分がいて、やる気が湧き起きる——それはどのような未来の環境だろうか。

あなたの人生がどれほど満足できて、わくわくするものになりえるか、心の奥を覗《のぞ》いて感じてみよう。自分の人生を、夢見てあこがれた方向へと誘導するための時間を無駄にしないようにしよう。あなたのこの人生は——もし輪廻転生して別の人生があったとしても——たぶん、この一回きりなのだから。

1 ✶あなたの「焦点」が人生を決定していく

あなたは親しい友人や親友とパーティーに出席したことがあるはずだ。ずいぶん前のことだとしても覚えているだろう。パーティーが進行するうちに、だんだん気持ちが乗ってきて、そこにいる人たちと和気あいあいになる。時間のたつのを忘れるほどだ。うんと楽しい夜を過ごそうと心に決めていた。その通りにあなたは心から楽しむ。古い知人にも会えた。ワインも好みのものだ。ポテトサラダのスパイス加減も申し分なく、なつかしいおふくろの味だし、バックに流れる静かな音楽もなかなかいい。言うことなし。気分はよくなる一方で、あなたは魅力をふりまき、ユーモアにあふれた会話をする。中でも何人かのおもしろそうな人に的を絞り、相手をする。あなたの上機嫌さと魅力は他の人たちに伝わり、突然、茶色の髪の美人（もしくは、ハンサムなスーパーマン）が現れる。実はその人にずっと注目していたのだが、思い切って話しかけるところまでいかなかったのだ。だが、ついにチャンス到来。楽しいおしゃべりが実現する。瞳は人生の喜びで輝く。突然すべてがうまくいくような気になり、すばらしい夜を過ごす。だが、時間はまたたく間に過ぎ、もう終電間近。時間はどこに消えたのだろう？　パーティーは大成功だった。こんなに楽しめたことはめったにない。

翌日あなたは友人に再会する。パーティーに一緒に行った友人である。彼（彼女）は、あなたとは反対に、げっそりした顔をしている。そして、「昨日のパーティーはひどかった」と疲れた表情であなたに言う。「本当につまらない人たちしか来ていなかったし、料理も最悪だった。しかも音楽のうるさかったこと。みんなうわべだけの無駄話しかしないし、人の話に耳を傾けもしない。あんなところ二度と行かない」あなたは「えーっ？」と思う。「私たちは同じパーティーに行ったのだろうか」

これはどういうことなのだろうか。

私たちは、自分で選んだ「焦点」を基にすべてを感じるのだ。私たちはズームレンズ付きのカメラのような心の目で、何らかの対象にフォーカスしてものごとを理解する。この二人はどちらも正しい。ズームレンズを調整して、彼らは同一の対象の異なる部分に焦点を合わせた。だからそれは、「正しい」「正しくない」ではなく、ある物をどう見たいかの好みの問題にすぎない。つまり、ある特定の情報とインプットされた感覚に焦点を当てて見るということだ。

すばらしい出来事だと思ったとしたら、それはあなたが焦点をどこに合わせるべきかをあなたが完全にうまくコントロールできていたということだ。あなたを刺激し、さらに成長させ、楽しませ、考える気分にさせるというそのような見方をあなたは選び取ることができていたわけだ。そうした力は、あなたの人生に多くの喜びと意味を授けてくれるのである。

しかし、その逆もありえる。つまり、気に入らないこと、できないこと、気を滅入らすもの、うまくいかなかったすべてのことに焦点を当てる人もいる。向ける焦点が異なると、体験した出来事は完全に別の現実になるのだ。これは、焦点合わせが持つパワーの典型的な例だ。

私の祖母は世界で起きている恐ろしい記事を朝刊で読んでは、苦々しい口調で言っていた。「その記事を読んだかい？　また、銀行強盗だ！」そんなとき、私は茶目っ気を出して聞き返した。「でもね、おばあちゃん。今日、銀行強盗に襲われなかった銀行はいくつあると思う？」祖母は私の発言が気に入らずに、お返しに沈黙で抗議した。銀行強盗、事故、殺人事件は祖母の観点から見ると、たとえ実際には減少したとしても、絶えず増え続けているはずのものだった。祖母が新聞で読む部分は、「またしても起きた犯罪」だけだったのだから。

熟年期に十分ある時間をどう使ったらよいか、しっかり学んでこなかった人は多い。そのため有意義な活動を探し求めたり、充実感をもたらす社会とのコンタクトをとったり、築き上げたりすることができないのだ。そして、変化や、新しい感覚をインプットすることや、意味ある活発な活動をしない。何もすることがないという状態になると、感覚は真空化して怠惰になる傾向がある。しかし、人間の知覚はその感覚の真空を満たそうとする。そうすると、実際に起きた出来事と空想の中だけで起きた出来事の間で区別のつかない、ぼんやりした領域が生じてくる。

そんな人が隣人とその人の習慣を観察するうち、次のような憶測が生まれてきたりする。

「あのミュラーという人は朝あんなに早く（夜あんなに遅く）何をしているのかしら。彼が提《さ》げているカバンは怪しくない？　あの目つきときたら、きっと何か隠してるのよ。しかも新車に乗ってる。そんなお金がどこにあるんだか？　それにあの変な連れの人間は誰かしら……気が抜けないわ」

こうした人は、単に想像から生まれた行動の「証拠」を新しく次から次に見つける。やがて回数を勘定して、注意すべき点を記録しさえするようになる。こっそり写真も撮って「証拠」作りをするかもしれない。同居人たちも興味を抱き、他にましなことをすることが何もないから、退屈しのぎに、隣人の状況に焦点を絞り、みんなが「証人」になっていく。そして、自ら築いた狂気の（？）システムにずるずると巻き込まれていくのだ。

私たちが何に焦点を当てて考えているのか自覚的になること、そして、妄想やその他の否定的な解釈のとりこにならないようにすることは特に重要である。どのようなことに目を向けるか、何に時間を使いたいのか、どのような環境や体験に関わり合いたいのか、私たちは生涯にわたって常に自分で決めているのである。

私たちがそうした選択をした結果、他の人間に対して生じる感情もさまざまなものになる。私たちが他の人間を得体の知れない陰謀家と見なせば、その感情に応じて不信感や軽蔑や拒否や憎しみまでもその人に抱いてしまう。反対に、その人を立派な人間と見なせば、まったく異なった感情が生じる。

あなたが愛する人間や親しい人間の場合は自動的にポジティブな面を見るだろうが、あなたは他の人たちにもそうできているだろうか。もしくは、他の人たちのことを、あなたを騙《だま》す人間、自分の利益だけを求める人間、価値がない人間、悪い人間というふうに思いがちだろうか？　その選択こそが、他の人たちとうまくやっていけるかどうか、あるいは、周囲からどれほどの満足を得られるかを根本的に決めるものだ。いわゆる「現実」が私たちを制限するのではなく、私たちが歳月をかけて自ら作ってきた思考のシステムや、何も考えず無批判で他者からの受け売りを信じるという思考のシステムこそが、私たちを制限するのだ。第４章で詳しく述べるが、この**「思考システム」**は、あなたに好影響を与えるチャレンジ精神やポジティブ志向をもたらすこともできるが、一方ではあなたを身動きできなくする苦痛の鎧《よろい》にもなりえる。どちらを選ぶかはあなたしだいなのだ。

2 ✶ 私たちの脳はどのように機能しているか

多くの分野に通用する心理的な法則として、次のことが言える。

【あなたが環境や出来事や出会いや事実を引き寄せているのであり、それらがあなたの思考の中心になっている】

この法則は、あなたの人生に広範囲に影響する。この法則があるからこそ、もしあなたがこの事実に気づきさえすれば、人生を変えたり、方向転換したり、新しい局面を開いたりすることが可能になるのだ。

ここで私はあなたを体の最も驚くべき、そして最も複雑な器官への散歩にお連れしたい。すなわち、あなた自身の脳の中へ。

脳は偉大で万能の道具である。それは二四時間私たちのために働き、私たちの命を守り、知識や経験を増大してくれ（正しく使えば、の話だが）、喜びと幸せの泉を開発するためにある。脳は畏怖の念さえ感じさせる驚異の器官で、約一五〇〇グラムしかないが、約一四〇億もの神経細胞で機能している。

私たちが当然と見なしている機能をきちんとこなすことができるのは、脳のとてつもない多方面性のおかげであり、目をこらしてみれば、その機能は信じられないほど複雑で、かつ効果的なのだ。

考えてみてほしい。繊細な感覚（聞く、嗅ぐ、味わう、触る、見る）を感じる際、どれだけの微妙な違いをあなたは感じ取ることができるだろうか（数千通りはあるはずだ）。たとえば、大部分の人は都会の交通の混雑も難なく車を運転して通り抜けることができるだろう。その際、感覚を脳にフルにインプットして、正しくものごとを把握している。常に交通事情に注意してアクセルとブレーキを踏み、クラッチ操作をしてウインカー点滅もちゃんとする。それと同時に同乗者との会話もおろそかにせず、ラジオの操作もしているだろう。

この脳のおかげで私たちは、非常に深い悲しみから最高のエクスタシーに至るまで、またその間にあるあらゆるニュアンスから成り立っている感情の全世界が理解できるのだ。また、脳はある人たちに音楽や絵画や詩などのすばらしい芸術を産みだす力を授け、外国語や高等数学をマスターする能力を与える。他にも、船や飛行機を造ったり、月に行ったりする能力を授けてくれるが、やがては他の惑星に行ったり、いつの日かきっと太陽系を出て、この宇宙のはるか無限の彼方を探究することも可能にするだろう。こういったこと全部を脳は文句も言わずに、ただ高齢になったらほんのちょっとケアをしてやるだけで可能にしてくれるのだ。近年、この不思議な脳について多くのことが明らかになった。しかし、それでも全部というわけではない。それどころかまだわかっていることはわずかだろう。

残念なことだが、私たちは脳を正しく使っていると思っていても乱用していることが多い。たとえば、破壊的にものごとを考えて、避けたいと思っていたネガティブな環境と経験を引き寄せていることがわからないでいる。それは生命エネルギーの大きな無駄遣《づか》いである。なぜなら、破壊的で不合理な考えはネガティブ志向とフラストレーションを生むだけだからである。人生はネガティブな考えをして生きていってもかまわないほど長くはないはずだ。

脳が願うのは、自己の生命を守り、可能性を示したり、危険から守りたいということだ。さらに、私たちがやる気のなさと生き難さへと向かうより、むしろ意欲と満足感をめざすことのほうを応援する。しかし、脳はそれ自体「リアリティ」という考えを持っていない。百パーセント何でも受け入れられる中立的な状態だ。脳は、私たちがリアリティと見なしたすべてのことをリアリティとして受け止めてしまう。特に私たちの脳は自分で創り上げたイメージと想像に対応して働く。このイメージを用いた想像の世界というのは、たぶん古代の先祖から受け継いだなごりだろう。イメージとファンタジーは私たちが想像する際に必要な強力な道具だ。それをうまく使いこなすか、使いこなせずにダメージを受けるかは、私たちが自分で決定することができる。

ここで実験をしよう。私が次に述べることを「頭に描かないで」ほしい。

「馬が走っている。その馬にまたがっているのは巨大なミッキーマウス。燃えるような赤のマントをひるがえし、にたっと笑い、ニンジンをかじりながら走り去る……」

さて、あなたの頭に浮かんだ光景は？　おわかりだろう。つまり、「何も想像しない」ということが脳にはできないのである。

私たちは（目覚めている状態においては）、何も想像しないということができないのだ。人は睡眠中でさえ夢を見てイメージと想像で意識を満たしている。そのことは私たちの人生の多方面に大きな影響を与えている。これが、「思考には秩序が必要だ」ということを重要視すべき根拠である。

脳は感覚器官から入ってきた情報をすぐに処理する。五感からのインプットは、多くの「認知のフィルター」を通して処理され、感情で色づけされる。あらゆる情報がこのフィルターを通った結果、たとえば、次のような決めつけが起こる。「新しく来た部長はなかなかよさそうだ」「とらえどころがない人だ」「いや危険だ」それとも、「おれを出し抜くつもりだぞ」――その部長をあるがままにとらえることが不可能なのだ。私たちの考えた仮説で知覚が色づけされるのである。

私たち自身についてのあらゆる（ネガティブな）想像というのも、こうしたプロセスの産物である。「私にはそんな才能はないわ」「私には難しくてできない」「私には値段が高すぎる」「僕はスポーツが全然できない」などなど。世の中について世間で言われる「仮説」も、私たちの人生を難しくしている。「外国に旅行するのは危険だ」「女性（男性）は抜け目がない」「人はみな怠け者で仕事嫌いだ」「ガソリンが高いことは悪いことだ」「肉を食べないと力が出ない」などがそうである。

私たち自身や世界に関するこのような〝仮説〟は、間違いか、少なくとも百パーセント正しくはないかのどちらかだろう。そこで、初めにせっかちに下す価値判断をしばし自制し、初めに一度ポジティブなことと新しい可能性に目を向けるよう努めてみようではないか。

人間や状況に関しても、「それは危険なことなんじゃないか」とか、人間の行動が「ふさわしい／ふさわしくないだろうか」「こうあるべきだ」などと、私たちは常に〝仮説〟を作り出している。そして、たとえ後で状況が変わろうと、私たちの推測が初めから間違っていようと、このような〝仮説〟は「思考システム」に入りこんできやすい。先のパーティーの例をもう一度思い出してほしい。二人は同じ状況下で同じ五感を使ったのに、違った行動をとり、完全に異なった結論を出した。この二人の脳は、実際に解剖学的な違いがあるわけではないだろう。すなわち、自分はどの焦点に合わせたのか、どのような思考システムがはたらいたのかが問題なのである。

【あなたの現在とは、あなたが昨日考えたこと あなたの未来とは、あなたが今日考えていること】

次のことを覚えておこう。私たちは自分の感覚器官を通して外界の情報を受けとめる。自分の経験や、学んで得た体験や、私たちが優先させて選んだ思考スタイルは、常にいくつかのフィルターを通らなければならない。焦点を何に当てるか。それが現実のあるひとこまをいかに決定するものであるか、あなたはすでにおわかりだろう。知覚したものの処理、すなわちその評価こそが、知覚の対象そのものよりもずっと重要であり、あなた自身がそれを決定しているのである。

評価の仕方を変えれば、あなたは自分の現実を変えられることになる。そうして変えられた現実は、他の行動や他の感情にも及ぶ。新しい行動様式が生まれると、あなたは満足のいく幸せな人生を送る可能性を手に入れたことになるのだ。

3＊視点を変える――本当に興味深いこととは何か？

エファの場合についてあなたはどう思うだろう。彼女は三〇代の終わりの聡明で魅力的な女性で、一回目のセラピーで、自分の問題を次のように描写した。

「私にはいい仕事がありました。夫のことも愛してはいますけど、人生に何かが欠けているような気がします。ちょっと前に仕事をやめたんです。何年も前から、私にできることで本当におもしろいと感じるものを探していたんです。でも、まだ見つかっていません。その点で、私は本当に不幸だという気がします。本当におもしろいと思えるものが何かきっとあるはずですが、切手収集や乗馬にも、ジョギングも庭仕事にも興味ありません」
「今おっしゃった中で、試してみたものがありますか？」私は彼女に尋ねた。
「ありませんけど、どれもおもしろくないってことぐらいわかってます」

この会話についてあなたはどう思われただろうか。エファは人生の中でいったいどんな「思考システム」を作ってきたのだろう？　彼女の不満は、当人があまり満足していないという「現実」にも関係がある。この、自分で選んだ現実と自ら焦点あわせした背景からは、彼女は人生で「本当におもしろい」ことを探し出すことは決してできない。

彼女の思考システムのベースには致命的な考えが忍び込んでしまっている。探す必要さえもない、それ自体おもしろいとされる物や行動がどこかに存在していて、それさえ見つかれば努力なしで自然におもしろいと感じるだろうと彼女は思っている。しかし先に「現実」なるものについて確認したように、興味というのもまた見つかるものではなく、見つけ出すものなのだ。おもしろさと魅力は初めの段階から存在するのではなく、自分の目標に合わせて関心を抱いたことの結果であり、また自分自身で選択した決定の結果なのである。

【「それ自体」がおもしろい物や行動はない】

まずは選んだ焦点を通して、興味が目を覚まさせられる。その必要条件として「準備」がある。より詳しい情報を収集し、精神的な前払い金として自分の努力を投資し、専門家に相談して、セミナーに参加したり、それに関する本を読んだりする。要するに、おもしろさや魅力というのは自分のところに最初から転がり込んでくるものではない。初めの段階ではなく、こうしたプロセスの最後のところでようやく見通しが開けてくる。それが魅力やおもしろさの甘い果実を楽しむというご褒美なのだ。ものごとはより多く知れば知るほど、おもしろくなるものなのである。

「私は何にも興味がない」という生き方をして、退屈と苦しみしかなく、「何もかも無意味だ」という人の多くは、問題を誤った方向から解決しようとしている。ものごとは始める前から魅力や情熱が感じられるはずであり、それらは初めから魔法のように存在すると思っているのだ。自分では何もしなくてもいいと思っており、努力もしない。だが、何かおもしろいものを見出すというプロセスは、それとはまったく異なって進行するのだ。前に述べたが、初めに必要な努力をするだけの用意がなければ、おもしろいことを探しても成果もなく徒労に終わるだろう。なぜならば、初めの段階ではまだ何も見つかるものがないからである。

家業や社会環境から影響を受けて、心を魅了する対象を若いうちに自ら選択したという人もいる。鉄道の仕事をしてきた四代目のファミリーであるとか、代々続いてきたパン屋、家具職人、あるいは親も自分も医者や教師だという人もいるだろう。そういう人々は自分自身の情熱、手仕事の器用さ、真のプロであること、そこから生じた満足感を次の世代に渡すことができる。だが、私たちの大部分はそういう立場に生まれてきてはいないだろう。だからこそ、探しては試すという探検のプロセスの中で、最後には感動を感じさせてくれるものや魅了させられるものが人生に見つかるよう、心から取り組まなければならない。当然ながら、このプロセスは何もしなくても「ひとりでに」うまく進んでくれるものではないのだから。

4★あなた「個人」のチャレンジを見つける

表向けには賢明に見える「近道」を通りたがる人は多いものだ。自分自身に決定権がある幸福な人生へと続く道は、疲れ、骨が折れ、リスクが伴うので、そんな道は避けたいと思う。そのためのニセの戦略は数多くある。その中から、いわゆる「太陽とビーチを求めておさらば作戦」なるものを詳しく調べてみよう。ちょっと見た目には、この戦略はちっとも悪くない。だからこそニセの戦略なのであるが。そしてほとんどの場合、それは個人的な災難という結果に終わる。

このニセ戦略の核心は次の通りだ。「お金が十分にできたという時点でハワイ（マヨルカ島、南仏、オーストラリア）に引っ越して、そこでビーチとぜいたくな生活を楽しもう」次のようなバリエーションもある。「お金が十分にできた時点で、大きなベンツとしゃれた家を買って、友人をアッと言わせよう。そのとき僕は本当に自由になってる。奴らは僕にへいこらするのさ」

このようなことは、数え切れないほどある雑誌やくだらないバラエティショーで見たり聞いたりすることができる。世間一般の考える幸せのためのレシピとは大体そのようなものだ。いわゆる有名人の生活の細々とした内容やセックスの嗜好や、見境いのまるでない奔放なライフスタイルが私たちフツーの人々を魅了する。それというのも、自分の人生がほとんどの場合、恐ろしいほど退屈だからである。ジャーナリズムの大部分は、読者向きにだらだらとセレブの生活の詳細をたれ流すことでその欲求に応えている。

私はいま例にあげたバカンスの目的地や、ある特定の車のブランド自体に反対するつもりはまったくない。ただ、私のもとを訪れるクライアントたちは何度も繰り返してこの妙な発言をするので、私はその長々と続く話に耳を傾けることになる。「ああだったら、こうだったらどんなにいいだろう。そうなれば私の問題など全部雲散霧消《うんさんむしょう》するのに。お金が十分ありさえしたら。理想の場所がありさえしたら——永住してもいいと思うような土地が見つかりさえすれば。定年後になりさえすれば、悪夢のようなストレスもあっという間に消え去るだろう」

そのとき私たちは、自由と称する王国にやっと到着したように思えるのかもしれない。よく語られるのが、海の見える夢の邸宅だ。まあ、それほどでなくてもいいが少なくともビーチまですぐに行けて、近所にドイツ風のパンが買えるパン屋がほしいところだ。大部分の人はこれらのことを「あの連中」に見せびらかしたいと願っている。それは大体において、仕事仲間か上司か周辺の関係者たちを意味する。「あの人たちから私は不当に扱われた。彼らは卑劣で、私の本当の偉大な部分も有能さも認めなかった」と思っている。

人はどれほど幼稚なエネルギーを使って人生を計画しようと努めるものか、私はいつも驚かされる。それが失敗に終わることなど、実はほんの少し考えてみるだけでわかるはずなのだが。そのような人生の計画が長期において満足をもたらしたとか、心を満たす方向に至ったという例を私は個人的には一つも知らない。それどころか完全に逆なのだ。後悔の気持ちを抱いて「夢の世界」から帰って来た人たちに私は会ったことがある。幻想から覚め、自信喪失で意気消沈して、しかも、ふところはすっかり寂しくなってしまった。初めの元気は見る影もなく消え失せ、故郷へと舞い戻ったのだ。感情面と経済面も、幸運を約束するはずの桃源郷だったその「夢の世界」へ行く前よりすっかり悪くなっている。

そのような計画の問題点を詳しく見てみよう。次に述べる話の内容はいくらか変えてあるが、私の実際のセラピーの体験に基づくものである。

ある日、その男性は胸を張って一枚の地図を手に私のもとを訪れた。「楽園を見つけました」と彼は言った。地図を私の鼻先に押しつけ、その理想の地のすぐれた点を誇張して雄弁に描写した。「パルマ・グランデ」とでもしておこう。とにかく彼の理想の島だ。彼はすでに何度も行ったことがある。そうこうするうちに彼はその土地をよく知るようになり、住民と接触して「友人」も得たそうだ。一切合財《いっさいがっさい》を持って引っ越せば、個人的な問題は全部解決するはず。

彼は、上司や仕事や同僚から必要以上に忙しい目にあわせられて、過剰なストレスがあったし、そもそも文句たらたらの義理の母や、くだらない隣人たちや、いつまでも続く霧雨という地元の悪天候からもおさらばしたいと思っていた。そうすることが本当に満足のいく人生に至る道であり続けるか、よく考えたほうがいいのではないかという私の意見は一笑に付された。彼は、大勝負に出るのだから了見の狭い異論など結構だとばかりにすぐ実行に移した。荷物が箱に詰められ、家具運送用トラックが来た。

お金は十分にある。太陽が輝き、海辺が近く、フレンドリーな人たちがいるはるか彼方の国を探し、そこを自分で選んだ新しい故郷とする。表面だけ見れば、それも初めは非常に魅力的だ。しかし、引っ越しの後、数々の問題がすぐに生じてくる。冬の悪天候や周りの不平不満分子たちや上司から遠ざかることはできるが、**自分自身の魂と精神のありかたはずっと自分についてくる。**

いずれにせよ、新しい「地上の楽園」はすばらしい面を見せてくれる。彼は新しい人たちとも知り合いになった。家は自国での値段と比べると半分という値段だから、手に入れる余裕もある。理想のマイホームを建てるか、建て売りを買うつもりだ。ビーチに通い、パラソルの下でリラックスする。地元のバーには異国情緒たっぷりの料理と、うまい赤ワインもある。妻も一緒だ。夫の情熱と楽園の話に影響されたのだ。そして、彼らは次に起きることを待ちわびる。数週間はうまくいく。いや数カ月間かもしれない。だが、楽園では、長い無為の（何もしなくてもいい）時間と共に、不愉快なかたちで〝問題〟がやってくるのが常である。彼は、そこまでの計算をしていなかった。

突然、毎日のビーチ通いとパラソルの下でぼんやりすることが非常に退屈になる。周囲の人たちも以前はもっと魅力的だったのだが。奇妙なことに、彼らは昔の同じ話を何度もしておもしろがっているようだ。彼らは土地の言語を理解する力が不足しているせいで、主に自国から来た人たちとばかりつきあっている。だが、その人たちもまともなことはしていないものだから、陰口や噂話を広め、過去の名声についてべらべらまくしたてる。だが、それとは対照的に、退屈さは日常の一部となっているし、見てわかるほどなのだ。今はもう新しいこともすばらしいことも体験していないものだから、自分も彼らと同様に同じ話を何度も繰り返し披露しているだけ。その事実に本人はなかなか気づかない。

それだけではない。いつも冗談ばかり言う「ベラ・ヴィスタ」の店主アルフォンソ。「一つぐらい違った料理ができないのか？　毎日、昨日と同じ味じゃないか」また、以前から常にとてもフレンドリーだった人たちの多くが厄介な人間であることが突然わかってくる。

「あいつらは、新しく引っ越してきたおれたち『新入り』をからかって楽しんでいる。不思議なことに、ものごとをずっと効率よく、迅速にするドイツ式のやり方を提案しても、あいつらは受け入れるつもりもない。以前には、いつもフレンドリーで親切だと思っていた地元の隣人たちが突然『度量の狭いドイツ人』みたいになってきた。村に昔からあった道路法を持ち出して文句を言ってくるし、夏の水不足の際には水を分けてもらえない。家畜が敷地に入り込んでくることもある。ぼんやり見ているだけではだめだ。ともかくまず外から見えない頑丈な塀を築こう。大きな鉄製の門を取りつけ、さらに重要なところには有刺鉄線を張らねばなるまい。いろんなごろつきから自らを守らないと」

地元の隣人たちは当然そのようなことが気に入らない。気に入らないどころか彼らの不信感はいっそう強まり、前より冷たくなる。そのようにして問題はゆっくりと深まっていく。

自分の口座残高を見て、彼はがっかりして気むずかしくなる。高額の税金と、この楽園の島で予期していなかった「課税対象となる必要経費」の多さ。そういったものも計画に入っていなかったのだ。ピザを焼いているフレンドリーな料理人や、レストランの愉快な給仕のペペ君や、村の警官とも親しくなれたと自分では疑いもしなかったのだが、それも時が過ぎるうちに日常の気ぜわしさに取って代わり、興味もなくなっていった。

さらに、停電の問題がある。これからという時になるといつもこうだ。そうしてテレビ、冷蔵庫、ファクスが二、三時間使えない。これは、自家発電機がなければならないということだ。何もかもにお金がかかる。だが彼はもう働きたくはない。新しい土地で語学の能力が不十分だから、働くチャンスもほとんどないだろう。おまけに、土地の言葉が流暢《りゅうちょう》に話せるバイリンガルのドイツ人だっている。彼らが語学力を必要とする仕事を得るのは当然だ。そのうえ、土地の人間でびっくりするほどドイツ語がうまい人も大勢いる。ドイツで働いたことがあるか、学生としてドイツに住んでいたのだろう。そういった人たちが優先されるのは言うまでもない。

さらに最近、妻とよく口論する。彼女にとっても、この新しい生活は想像していたものとは違っていた。彼女はドイツ人カップルのためにベビーシッターの仕事を始めたいと思っていた。悪くないアイデアだ。だが、お金を払ってまで利用する人はいない。おまけに、彼が引っ越しをしてまで逃れたいと思っていた生活環境と結局は似てくる運命だったのがわかってきた――すなわち、どこにいても、けんか、ねたみ、ゴシップなど、頭にくることは起きるというわけだ。

「問題」も「責任」もない、気楽で安楽な人生こそが追求するに値するという錯覚は、大部分の人間の脳裏から離れないようである。また、考えの成熟していない人々の間に広く行き渡っている次のような信念がある。「住む土地を変えて（南国の）太陽を浴びれば自分たちの問題は解決するだろう。ほとんど自動的に、幸福と満足が魔法のように現れるだろう」

だが、いつか、いわゆる現実に目覚めることになる。**私たちは自分自身をいつも旅に同伴しているのである。**自宅の地下室に精神的な屍《しかばね》を隠しているとしたら、新しく引っ越した土地にもなぜかそれはあり、あなたが望んだようにはそれを覆い隠せなくなって、必ずすぐに発覚する。

私たちは個性の欠如というものを、自分のいま生きている世界でなら、世間一般に受け入れられている「忙しい」という言い訳や、携帯電話やスケジュール帳やファクスや電子メールや留守番電話でかなりうまく隠すことができる。ところが、この例のように比較的時間のある状況では内面の問題が――特に何もすることがないと――表に出てくる。何かよくないことが起きれば、パートナーとの人間関係が大いに試されることになる。そして、まったく愛の感じられない言葉のやりとりという、以前はなかった醜い口論が生じる。それまでは、人間関係についての諸々の問題を各方面での切迫した忙しさでごまかすことができたのだが。

私はここに述べた他国への移住や長期の旅に反対しているのではない。私自身、日本、アメリカ、カナダといった外国で刺激的な数年を過ごした。私が反対するのは、他の土地に行けば何でもオートマチックに解決するだろうという考え方や、つかみとった幸運をずっと逃がさずに保っておけると見なす考え方に対してである。

満足と幸福は、金銭とは何の関係もなく、「何もしなくていい」ということとも無関係だ。いわゆる「休暇を過ごす楽園」という場所で、たいして楽しそうに見えないパーティーを催したり、高級車を乗り回したり、バカ高いブティックで最新のドレスを買ったりする悲しげな人たちを見た人は誰でも考え込んでしまうだろう。この人たちは、永続する「何もしなくてもいい」状態のせいで楽園を「追放」されることがほぼ保証されていることがわからなかったのだ。たくさんのお金もまったく役に立たない。

死ぬほど不幸と感じている金持ちは大勢いるものだ。私の目にはほとんど、彼らはお金が億単位で増えるにしたがい不幸せは増していき、不満感がつのるのではないか、とさえ映る。そして矛盾したことに、計画して期待したような幸福に近づいていく代わりに、いっそう幸福から遠のいているのではないかと思える。すなわち豪邸に住むことができ、大きな富を持ち、高級車を三台と豪華なヨットを二艘《そう》所有し、シャンペンをふんだんに飲み、宝石を売るほど持っていても、気持ちが沈んで何かしら寂しく無意味に感じ、涙を流す人もいるのだ。

グドルンという女性の例をあげよう。彼女は一回目のセラピーで、自分の夫について不満を述べた。

「ブルーノはこの何年か、うわべだけの人間になって、私との間もしっくりいっていません。でも私には寛大で、働く必要などないと言うし、ベビーシッターもお手伝いさんも雇ってくれました。私はそういったことに感謝しているのですが」

しかし、彼女の言う「感謝している」という言葉には不機嫌な、しっくりしない響きが伴っている。

彼女は本当の感謝から生じた気持ちから言っているのではないようだ。本当の喜びに欠けた、生気のない決められた演技を私の前で披露しているように聞こえる。ちょうど交通違反の罰金を支払っているかのように、「全然したくないことだが、しなければならないから」というふうに。

「今の私は、人生における色々なすばらしいものに専念することができるんです。将来のことを心配する必要もプレッシャーもありませんし、オペラやコンサートにも行けます。ブルーノはすごく寛大なんです。私はお金に不自由したことは一度もありません」彼女はそう言って私を見る。彼女は本当はこう言いたかったのだ。「でも……それなのに幸せだと思えないんです」

それから彼女は言った。「ええ、ある意味ではたしかに不満です」と、口ごもりながら。「でもわからないんです。どんなふうに変えたらいいかってことが」

物質という点では満たされており、お金のフローはいつも滞りないというのに幸福だと感じない点が彼女にとっては不可解なのだ。幸福どころか、内面は空っぽで、受け身で、不信感で一杯だ。不満で不機嫌、というのが彼女から受けた印象だった。

さて、本当はグドルンにはどんなことができたのだろうか？　人生では多くの場合、するのが最もためらわれると思っていることをするとよい。つまり、彼女は自分自身の足で立つ必要があった。物質的なことはずっと後方に押しやって、自分自身に尋ねてみる。自分の才能は、天分は、本当の夢は何だろうか、と。どのようにすれば、難しい仕事や努力や困難の克服を通して自分の内面の本性、本当の自分に近づくことができるのか。しかし彼女は今のところ、そんなことについては何も知りたくないようだ。私は彼女に、何か自分の仕事を持ってみてはどうかと勧めた。

「私には何でもあるんですよ」とグドルンはきっぱりと言った。「何のために今さら仕事を？」しかし、何度目かのカウンセリングで、彼女はハンディキャップのある人たちや病人の相手をするのが上手だということや、そのことについて多くの知識があるとわかった。実は彼女は昔、看護師だったのだ。その天分はもういくらか消えかかってはいたが、彼女はその分野でもう一度活躍して、困っている人々と接してみようという気になった。彼女の天分と欲求は、あり余るほどあるモノの背後で完全に隠されていたのだ。

だが、実現への第一歩は初めは非常に難しかった。「わずかなお金のために働くなんて」というのが口実の一つだった。お金のために働く必要はなかったのだ。求人広告を読む、応募書類に書き込む、面接といったことは嫌でたまらなくて、彼女なりのやり方で抵抗した。彼女は見えすいた理由を言ってセラピーを二度キャンセルした。そのとき私は思った。「しかたない。もう来ないだろう。安楽さに負けてしまったってことだろうな」と。

しかし彼女は再びやって来た。就職のための一回目の面接ではどんなにナーバスになっていたか、三日後に不採用の通知が来たときは、かんかんになって怒ったことなどを話してくれた。彼女は再び何もかも放り出してしまいたいと思っていた。私は彼女にもう一度トライするよう説得した。彼女は次々に面接を受け、不採用になり、また次の面接を受けた。こうしたことはどれも彼女のような立場の女性にとっては「必要」のないことだった。彼女は何度もサジを投げようとした。

金銭には、人を受け身で何もしないほうが楽という態度に導いていくというマイナスのパワーがある。彼女はフラストレーションや困難に耐え抜く能力を失っていた。しかし、自ら得たものを通して真の満足と喜びを得るにはこの道しかないのでは、と彼女は内面の深い部分で感じていた。心が満たされることへのあこがれのほうが、日々を楽に過ごすということよりも強くなっていったのである。ついに六回目の面接で、彼女は採用された。

二年たった今、彼女は身体にハンディキャップを抱えている人たちが行くリハビリとセラピーの施設で、リーダー格として働いている。仕事は非常におもしろいという。仕事を通じて、その分野で働いている興味深い人たちと知り合って、彼女は人生に新しい視点を得た。「上流階級」に属していない人たちと初めて知り合った。その人たちは彼女に、親密な人間らしさと、力を合わせることの真の価値を体験させてくれた。彼女があこがれていたものは、実はそういうものだった。彼女は本当に幸せな人生を送るのに重要な前提条件を見つけたのだ。それは、自分自身と人生を自分なりに真に理解するということである。

一方、彼女は「上流階級」とコンタクトをとって、社交界でのイベントを企画した。そうして彼女の団体は、緊急に必要な資金を集めることに成功した。こうした彼女の活動もまた、チームのメンバーや同僚たちから評価されているが、彼女がしている「体験」は、世界中のお金を集めてもできることではない。かつて彼女が抱いていた他者への不信感や不機嫌な態度もしだいに消え、前向きになり、他の人々に対してオープンな心になっていった。

グドルンは、早めに道を発見した。その道は、彼女が最も切望していたものをもたらした。すなわち、内面から湧いてくる満足と、他者との思いやりにあふれた交流である。そして、金銭的な豊かさが幸福をもたらさなかったというだけではなく、もしかしたら幸福を常に手の届かない遠くへと押しやってしまうかもしれなかったという洞察である。

そうこうするうちに、科学が「幸福」というテーマに取り組み始めた。心理学者ミハイ・チクセントミハイは、長年このテーマに取り組み、研究発表している。彼が提唱するのは「フロー（流れ）」という概念であり、それは次のような意味である。

自己を解き放ち、目的や仕事に一心不乱に取り組むときや、使命感を持って問題解決に努力するときには、自然と、自分自身の才能や能力が絶え間なく動員されるものだ。幸福とはその際の〝副産物〟であり、それだけを直接得ようとして得られるものではない。それは一つの「贈り物」であり、その贈り物はもらえるかもしれないが、もらえるという保証はない。幸福は生き生きと活動する日常の中で、いろいろな機会に体験されるが、あくまで「贈り物」であることに変わりはない。そして、それは決して道の最後に現れるのではなく、道を行くうちに、つまり「途中で」見つけられるものなのだ。

「理屈で言うのは簡単さ」と、誰かが後ろでつぶやくのが聞こえる。「どうやってそんなチャンスを見つければいいんだ？　僕個人の幸福への道を、いったい誰が示してくれるというんだ？」

しかし自分の内面の声を正直に注意して聞けば、あなたがこれまでにいつもやりたかったことは何なのか、今まで先延ばしにしてきたことは何だったかわかるだろう。チャンスが来ていたのに、時間がない、お金がないという理由であきらめた――それはどんなことについてだっただろうか。

「今はちょうど都合悪いから」と、まともに取り上げたことがない。それは何だっただろうか。幸福になるためには、あなたは決心しなければならないことがあるだろうし、長期にわたって心の底の部分でくすぶってきた葛藤にも取り組まなければならないだろう。

あなたは今まで、前に述べたような表面的な理由を言ってそれらを解決することを避けてきたのかもしれない。しかしもちろん、このようなことは単に口実だったのだ。あなたが自分に正直であればわかっていると思うが、たぶん不安を抱いたのだろうし、本当にやりたいことをすることが恐かったのだろう。難しすぎる、時間がかかりすぎる、不安が大きすぎる、大変すぎる、もしくは全部が混ざり合ったものに思えたのだろう。安楽でいたい気持ちのほうが勝っていたのだ。

「ボートを揺らすな」とアメリカ人は言う。つまり、こういうことだ。「人生というボートをわざわざ揺らすなんてとんでもない〔訳註・無用の波風を立てるな〕。なじんだルーティンやいつものやり方から外れると損をするぞ」

しかし、あなたが本物の幸福を探しているのなら、自分が安楽に感じるだけのゾーンからは出なければならないのだ。すなわち、あなたが最も熱中でき、最も活発になれ、自分の魅力が最も発揮できるプロジェクトとは何だろう。あなたを朝ベッドからはね起こさせ、思いもよらなかった力をあなたの中に呼び起こすようなプロジェクト。あなたは大いにわくわくして、最善をつくそうと思う。チャレンジも不可能ではない程度に待っている、そのようなプロジェクトだ。もし、チャレンジが多すぎるのか少なすぎるのか、はっきりしなかったら、それは「少なすぎる」ということである。自分の可能性や才能を完全に開発して使っている人はいないのだから。

あなたの脳は少しの部分だけが活用されており、精神的能力は大部分が使われないままになっている。ついでながら、それは今の知識の量には左右されない。それどころか、知れば知るほど、より多くの情報を受け入れることができるのだから。そうなるといっそう多くの神経回路が脳にでき、そのおかげで新しい知識をよりよく、より速く分類し、消化することが可能になるからである。

脳は、いずれ満杯になってしまうバケツとは逆なのだ。外国語が一番いい例である。二つ目の外国語の習得は最初の外国語の習得より簡単だ。三つ目は二つ目より、さらに簡単である。記憶力というものは実際には無制限で、あなたが思っているよりももっと多くの情報を受け入れ、消化することができる。

歳をとりすぎているって？　それも作り話だ。年齢と、精神の機能や能力とはあまり関係がない。最近世を去ったハンス＝ゲオルグ・ガダメールという哲学の教授は九三歳という高齢で演台に立ち、聴衆を魅了した。オーストラリアのロン・フィッチという技術者は、学ぶのに遅すぎるということは絶対にないことを証明してみせた。彼は、九二歳で博士号を取得したのである。大勢の人たちが生涯にわたって頭を訓練して、高齢に至っても能力を維持してきた。もちろん一方では三〇代で頭の中はカラッポ、老いさらばえたような人もいる。彼らが精神的に大胆な飛躍をすることなど、砂漠で水を見つけることより稀だろう。

このように、勇気ある決断を求められることなしには、人生は真に新しい転換を迎えることがない。社会生活の中で会う人たちに、あなたの信念をぐらつかされないようにしなければならない。初めのうちは背後で足を引っ張るようなことを言う人がいるだろう。「時間がかかりすぎるよ」「時間がないでしょう」「お金がかかりすぎるね。うまくいかないよ」

しかしそうこうするうちに、あなたにはわかってくる。すなわち、それはすべて実際には存在しない理由にすぎず、本当は何もしないためにいつも否定的に考える人たちによって生み出されたものだということを。自発的に行動する必要があることや、責任を負うことが恐いものだから、しない理由を見つけるために、ちょっと聞いたら合理的に思えることや、嘘の理由にエネルギーが使われるのである。それで、しばらくは心理的に安心できるのだろう。しかし、自分自身の人生を積極的に自分のものにしないでおくと、長い間には無気力で受け身になり、生きるのが嫌になるという方向に進む。そのときは数々の小さなチャレンジさえも多すぎるように感じ、悪循環が始まる。そのようになるのは避けたいと、あなただって思うだろう。

身体的な変化の願望も、ちょうど今述べたことと同じである。自分の大きなビール腹を喜ばしいと思う人はいないだろう。本当は一〇キロも減量する必要があるのでは？　タバコを吸い、いつもチョコレートやポテトチップスを食べているのでは？　だが、あなたが本当に変わろうと思えば変わることができる。それはあなた一人の決心によるのだが。

何が自分にはいいのか、あなたは自分でほとんどわかっているだろう。たとえば、自分に合ったスポーツをする計画を立て、食べ物を考え直そう。フライドポテトとチョコレート、こってりソースのかかった特大ステーキをできるだけ減らして遠のこう。ヨシュカ・フィッシャーというドイツの外務大臣がいる。中年になってからの彼はヘビー級の肥満で動けないほどだったが、その後、筋肉の引き締まったすっきりした肉体になり、マラソン走者として走れるようになったうえ、外務大臣にまでなった。自ら選んだ難しいチャレンジに成功した例だ。

同様に、社会奉仕の夢を抱く人もいる。たとえば、人道主義的な目標に取り組むことを好む人たちだ。彼らは孤児院で働いたり、老人介護のボランティアをしたり、受刑者たちや、精神的もしくは身体的に不自由な人たちの世話をすることに自らの「プロジェクト」を見つける。

それでも、ものごとを否定的に、そして弱気に考えることに関しては〝プロ級〟の人たちが唱える警告の第一声が後方から聞こえてくる。「確かに聞こえはいいさ。でも、私の場合は……」と、いつものあれだ。

「どれもうまくいかないと思います」同情を禁じえない独白が続き、彼らは実際にある障害と困難のリストを述べる。困難、いろいろな障害物……。もっとも大部分は思い込みなのだが。「残念ですけど、達成したい目標も新しい計画も実行不可能のように見えるんです」

しかし実は、彼らはなかなか「創造的な人たち」なのだ。目標に至る道から障害物が除去されても、すぐにまた現れた、一つの障害物が去ったあと二つ目の新しい障害物が現れた、と語り続ける。何か気づかれただろうか。彼らはあれこれ精力的に、どうしてだめなのかを説明するのである。

私たちのメンタルエネルギー（「焦点」を当てること）の重要性について前章からおわかりのように、人生のエネルギーがここでは間違った方向に導かれているのだ。現実化できることや、実行できるということに集中せず、新しい目標、新しいプロジェクトを見すえて、小さくても勇気ある歩みを続けようとしない。その代わりに精神のパワーを浪費し、心を閉ざす。なぜうまくいかないのか、なぜひどく困難なのか、時間や費用がかかりすぎるのか、熱心にたゆまず「証拠」探しばかりをする。

「全部すでにわかっていたが、それについては残念ながら何も変えることはできない」その心理的な姿勢がおわかりだろうか。それは昔学校でした綱引きに似ている。同じ程度の力を持った二組のチームが綱の両端を引き合うと、その競争はえんえんと続き、顔は真っ赤になってゆがみ、手はタコだらけになる。つまり、自分たちが自らの障害物になるのだ。

あなたが人生の方向転換をしたいと思っているときに、自己妨害につながる安易な道を選ばなかった、本当にすばらしい人たちの物語からインスピレーションを受ければ役に立つことがある。

若いドイツ人女子学生ザブリエ・テンベルケンの話は特に感動的である。彼女は網膜の難病を患い、二歳で盲目になった。だが、絶望することなく、みごとにチャレンジに挑んだ。彼女はチベット学を勉強して、チベット語を学んだのである。しまいには流暢に話せるようになり、この遠くてたどり着くのに容易でないヒマラヤの国の住民と自由に話ができるようになった。

だが彼女はそれだけでは足りないと思った。自分のハンディキャップに屈服しなかっただけではなく、彼女と同じく盲目のチベット人たちにとってかけがえのない贈り物を授けたのだ。傑出した語学の知識と自らが盲目であることを基盤にして、それまで存在しなかったチベット語の点字を開発したのである。今日では、盲目のチベット人も文化的に活動することができ、自ら原文を読むこともできる。

そして、彼女は盲目の子供たちのために学校を作り、希望に満ちた将来の見通しを与え、職業教育を行い、周囲の無知からくる無理解や絶望から彼らを救っている。ザブリエ・テンベルケンは、自分のハンディキャップをチベットの友人たちと自分自身が豊かになるために使い、それに成功したのである。私は心から、これこそ賞賛に値する行いだと思っている。

客観的に見ればいわゆる困難に満ちているもかかわらず、どんなことが可能かこの例が示している。そこで何度も繰り返し頭に浮かぶのは、我々大部分の人間についてはどうなのかという疑問だ。幸い、克服しなければならないハンディキャップもなく、大病も患っていない私たちは？　なぜ、私たちは自分の人生を生きようとしないのだろうか？　なぜ、もっと人生の主導権を取らないのだろうか？　なぜ、もっと熱意を持って自分の人生の価値ある目標に取り組んで、より深い愛と喜びをこの世に広めようと望まないのだろうか？

どうやら、私たちがついに目覚めて適切な行動に出るためには、まず危機が必要であるということなのだろう。安楽でのらりくらりした生活と、いつも同じという日常のルーティンからようやく私たちを目覚めさせる警告の威嚇《いかく》射撃がなされる必要があるようだ。してみれば、ものごとの悪化や感情面での危機は、実は私たちの人生のためにはよいことだとは考えられないだろうか？　当面は望まないことであっても、そういった出来事を通して喜びを感じ、感謝の気持ちを抱く——そうした態度を育てることのできる人が、自分のフラストレーションを良きこととして体験できるようになる。

私たちが新しい目標に向かって進みたいと願うとき、避けがたい不安と恐れが必ずいくらかは伴う。そうでないと新しい計画、新しい夢も、本当にチャレンジや追求に値する目標ではなくなってしまう。本当に大きな夢の現実化は、ただで手に入るものではない。あなたがいくぶんか居心地悪く感じても、それはもっともなことであり、実は有益ですらあるのだ。

自分のプロジェクトとチャレンジが本当に見つかれば、あなたは熱意とやる気で生き生きとなり、夢の現実化を考えに入れて自動的に第一歩を踏み出し始めるだろう。そのときになると、あなたの夢の現実化を手伝う人々や夢の現実化につながる状況が、不思議と自分のほうへと引き寄せられてくるものだ。少なくともあなたを励ます人々が現れたり、勇気が出てくるような状況になったりするだろう。そのときのためにも、自分の重要な夢を書きためておき、そこから目標を導き出すようにすれば必ず役に立つ。会社を設立したい。ピアノを習得したい。一〇キロ減量したい。自分の本を出したい。では何を最初にしなければならないだろうか。どんな情報を集める必要があるだろうか。どんな人たちに相談したらいいだろう？　計画実行に協力してくれるのは誰？　資金や物を集めるには？　その他に何が必要だろうか。

今日、何かを始めてみよう。最初のごくわずかな一歩でもかまわない。あらゆる努力の結果をありありと心に描いてみよう。自分の会社を持てたときの感じは？　自分の事務所のホームページができたときの気持ちは？　自分と同じようにやる気満々の従業員たちがいる。人を雇う。電話で顧客の接待をする。口座にお金が振り込まれる。どんな気持ちがするだろう？

体重を減らしたいと思ったとしよう。何キロも減らして身体が軽くなったときの気持ち。スマートですてきな新しい身体を手に入れたときの気持ちは、どんなだろう？　以前の服がもう一度着られる。きつくて入らない服はもうない。どの服もぴったりだ。四階まで息切れせずに階段を上がれる。友人は何て言うだろうか。いわばイメージの中で結果を見る、感じる。そうやってみて、感じた結果を目標にして取り組みを始めるのである。

行動の鍵は、いつでもあなたの手の中にあるのだ。いつもためらってばかりいる人たちや、ものごとを否定的にとることに関してはプロ級の人たちは後方に押しやっておこう。あなたはこれまで他者の意志に従うだけだった。だが、これから行動するのは自分の意志だ。こういった気持ちは、あなたがいつも望んでいた満足感を生み出す。毎日、自分の新しいプロジェクトを見つけ、進めるために何かしよう。ほんの少しの時間でもいいから行動してみよう！

今やあなたの夢からは、絶え間なく次々と具体的な目標とプロジェクトが生じてくるだろう。しかしよい計画であっても、進めてみると初めの段階からなかなか先に行かないものが多い。それは、単純なイメージだけでは首尾一貫した行動へと続かないからである。どうすればイメージを明確化させ、積極的で首尾一貫した行動を生み出し、自分の目標に最も効果的に早く近づけるかについては次節で述べたい。

5＊ゴール——水平線の向こうに輝く灯台

次のステップでは、新しい計画に関して心の奥深い部分で見つけた夢を書き出し（あるいは文章以外の形で表現し）、それが達成されたさまをありありと感じてみる。そして、具体的な目標のリストを作り、処理していくのだ。

それにしても、目標というのはそもそも何だろう？

「ばかな質問だなあ」とあなたは思っているかもしれない。「目標とは、自分が達成したいとか持ちたいとか思うことなら何でもいいんだろう？」この答えが完全に間違っているというわけではない。もちろん真実の部分もある。しかし、次に述べることに注目してほしいと思う。

第一に、目標達成を阻止する重大な思考の落とし穴と、あなたをつまずかせる恐れのある石を見つけ出すことにしよう。

まず、ポジティブな目標とネガティブな目標というものがある。すなわち、私たちは目標を選ぶことができるのである。たとえば、スポーティーですらりとした身体になろう、といった肯定的な目標がある。しかし、ある状態に陥りたくないといった否定的な目標を選ぶこともある。「この皮下脂肪は美的でないから嫌だ」というような例だ。それが口癖になっていると、目標達成は非常に難しくなる。

これは、私たちの思考プロセスの本質に基づくものである。もし何か望まないことがある場合でも、ついそのことを考えてしまう。そうありたくないと考え、ネガティブな目標に多くの注意を向けてしまう。なぜなら、すでにご存じのように、脳は何も想像しないということが難しいからである。私があなたに今、皮下脂肪や肥満やたるんだ腹について「考えないでほしい」と勧めた場合、あなたが必ず考えてしまうことは何か？　その通り、皮下脂肪、肥満、たるんだ腹のことなのだ！

否定のかたちで表現された目標（「私は……しない」「……のように考えない」「……は嫌だ」）は、目標には適さないのである。目標はいつもポジティブに表現しよう。「毎週五百グラムの減量」であれば、ポジティブな目標になるだろう。代わりにこう表現することもできる。「六〇キロだとビキニがまた着られる」

目標をどう表現するかという点で、さらに障害となるものはさまざまな「矛盾」である。それについての例は、毎週新聞に掲載される結婚相手探しの広告を読んで知ることができるだろう。「こんな男性を希望します。経済的に自立していることが条件です」つまりお金持ちであってほしいということらしい。条件に「芸術的才能」というのもある。だが、経済的自立と芸術的才能という組み合わせは必ずしもありそうなものではない。生活費を工面する時間もなくてはならないだろう。おまけに「旅行が好き」で「地元とのきずなが強く」あってほしいという条件が並んでいると、私には想像がつかない。地元と深くつながっていたいと望む人はどちらかと言えば、遠い国々を冒険して歩こうと思うタイプではないだろうから。

夢に描く理想のパートナーについてはまさに言いたい放題だ。「知的で家庭的な女性を求む」——知的でしかも家で一日中掃除するのが好きというタイプの女性はあまりいないだろう。経済的に独立している女性で、園芸が何よりも好きという条件を出す人、毎晩手作りの夕食を作ってくれるような女性を探している人もいる。フルタイムで働く女性は、夕食に毎回ごちそうを作る気分になるだろうか？　また、仕事面で成功していて自立している女性たちが、郊外の貸し菜園での日曜園芸を自分の人生の中心にするというケースは少ないと思えるのだが。

「ハンサムな男性求む」——他の女性たちもあこがれのまなざしでハンサムな彼を見るようであれば、あなたの顔が一瞬、嫉妬で歪むようなシチュエーションも起きるかもしれない。

ドイツではよくある「アパート探しの広告」も似たようなものだ。

「アパートを探しています。町の中心で静かな場所にあること。南向きのベランダがあり、緑が豊かで家賃が安く、買い物が非常に便利なこと」が必要条件だ。アパートが町の真ん中ならば、豊かな緑がある可能性はあまりないだろう。豊かな緑がある場所でしかも買い物に抜群の場所というのも期待できそうにない。そういった物件がある確率は低いだろうし、あったとしても安くないことは確実で（それは宝物のような物件だ）、おそらく予算を大幅にオーバーするだろう。

政治の周辺でも、「目標」なるものについて常に議論されているが、互いに相容れないか、少なくとも互いを窒息させ合っているものが多い。たとえば、いわゆる「農業改革」がある。立派な目標であることは確かだ。小規模で自然環境保護に基づいた地域経営の企業をめざそうという目標があるとする。ただし、自然環境保護に基づいた経営はコストが高くつく。工業地域で生産するよりも手間取り、消費者にも肉や野菜の値段が高くなることを認めてもらう必要があるからである。ここで人はがっかりした顔をする。

どのアンケートでも大多数が、たとえ値段が高くても、自然環境保護に基づいて生産された農産物のほうがいいと表明している。しかし、スーパーの店先では話がまったく異なるようだ。平均的男女は、環境を汚染しないで生産された高いタマゴを手に取って注意深く調べ、それから――信じられないことだが、そのタマゴを元のところに置くのだ。「誰も見ていなかっただろうな」とばかりに急いで振り返り、そしてあの環境破壊の大量生産物である安いほうのタマゴにすばやく手を伸ばし、ちょっと恥ずかしそうに買い物かごに入れる。このように、高いということになっているドイツの平均的な環境保護意識の多くは、スーパーの棚でこなごなに破壊されるのである。

簡潔に言うと、私たちの目標と望むことには矛盾が多くある、ということだ。私たちはしかるべき犠牲を払うつもりがあるのかどうかはっきりわからないまま、「一番いいのは全部いっぺんに実現すること。しかも、なるべく手っ取り早く、何の犠牲も払わずに」すばらしい目標をめざそうとする。自分にどんな犠牲を払う用意があるかじっくり考えようとは思わない。奇跡が起きて、いっさい犠牲を払わなくてもすべてがうまくいくだろうと思う。幼稚な無邪気さで魔法を使って実現させたいと思うのだ。

では、この明白なジレンマから脱出する道はあるのだろうか？

私たちは目標を明らかにする際に、目標の中にある矛盾に対して譲歩するか、優先順位を定めなければならない。つまり、特に重要なことは何かをじっくり検討するという意味である。だが、そこでまず私たちは反射的にひるんでしまう。「何もしないほうがいい。待っていよう。天気がよくなるまで。ガソリンが安くなるまで。収入が上がるまで」と思う。そんなふうに、すべての可能性はいつまでも開かれているだろうという幻想や、すべての目標は犠牲を払う必要もなく到達でき、何もしなくても自動的にうまくいくだろうという幻想を持ち続ける。しかし、決断しない人は他者に主導権を渡すことになるのだ。その代償の支払いは大変である。そもそも、誰がそんなものを支払いたいと思うだろうか。そのうえ私たちは、「ただほど高いものはない」ということははっきり知っている。だが、それでもこの事実から遠ざかっていようとする。

目標があいまいか具体的であるかどうかという点からも、違いが生じる。決断することを避けたいと思うことは多い。それで私たちはあいまいな目標を立て、達成できるかわからないでいる。実際、その目標に近づくことができるかどうかもわからない。というのも、自分がどれだけ目標に近づいているのかを知るための基準を何も設定していないからである。たとえば、「もっと自由がほしい」「ストレスを少なくしたい」といった目標はポピュラーだ。ともかく聞こえはいい。だが、いったいそれはどういった意味なのだろう？「自由」について議論しても、議論は永遠に終わらないに違いない。どうとでもとれる非常に多様な意味を含む概念だからである。

他にも、ただ「自分は成功したい」という目標が例にあげられる。この概念は具体的な目標としてはあまりにも漠然としている。もっとも、強引な自己主張をして、あいまいに表現された目標を達成しようとする人もいるようだ。政治家が選挙運動で（当選したいがために）掲げる大ざっぱな公約などがそうである。

最後に、目標の達成はそれに伴う「気持ち」がなければならない。さもないと必要な意欲が欠けてしまう。つまり、目標を考えただけでわくわくする気持ち、まだ実現していなくても、実現したときの喜びをはっきりと感じ取れることが必要なのだ。

朝、目標のことを考えてベッドから跳び起き、ポジティブな感じがして胸が高鳴る。もし目標を考えてもそのように感じなかったら、間違った目標をめざしているのだ。目標が二級、三級なのだろう。目標の動機が十分でないと、出せる力はおそらく半分以下だろう。そのような場合、実はまったく違うものを望んでいるのだ。そこで、それを探してみる価値がある。はっきりわからない場合には「不安」がいい指針となる。実は、最も不安に感じることこそが関心事と最も関係あるものなのだ。

あなたが魅力的だと思う女性（男性）について考えてみよう。あなたは彼女（彼）と知り合いになりたいと思っているのに話しかける勇気がないとする。知り合いになりたいという目標があるが、同時に不安もあって、それが目標を背後に追いやり、道を塞《ふさ》いでいる。そして、自分の懸念と想像上の危険に注目しすぎる。そうなると、願いがくじかれて行き詰まりを感じるだろう。

この場合の可能性としては、目標をより小さな目標に区分するといい。そのほうが目標に達成しやすい。こうすれば、不安の一部分は取り去られ、恐れていた激しい雷雨が突然あなたを襲うようなことはなくなるだろう。それでも、人生の旅では土砂降りに耐え、吹いてくる向かい風に我慢しなければならないこともある。

セラピーによる助力を求めることもできるが、もしあなたに意欲が十分あれば自分でもできるだろう。できるかどうかは、次に述べる練習で簡単に試してみることができる。

心を静かな状態に保ち、目を閉じ、自分の目標のことをできるだけ思い浮かべてみよう。目標達成の細部を、あたかも目標に達成したかのようにリアルに思い描くことだ。特に、その役割を演じている自分自身を見てみよう。どういうふうにふるまっているか。何をしているか。目的を達成したときの喜びはどういったものか。あなたが話をする周りの人たちを見てみよう。美しい色、芳しい香り、それにあなたの好きな音楽などもイメージの一部に変えて想像すると、目標のイメージを明確にするのに役立つ。この強力なプロセスを通して、目標は意識下にプログラムされる。これは少なくとも一五分間は続けて行う必要がある。

それがうまくいったら、あなたの選んだ目標は正しいということになる。うまくいかなければ、その一五分が終わる前に落ち着かない気持ちになるだろうし、その状況から逃げ出したい気分になるか、他の事のほうを考えたい気持ちになる。そのときは、あなたが自分の意識下で目標に逆らっているのである。その目標をめざすには、あなたの準備がまだ整っていないのだ。目標を新しく立て直し、目標達成のプランを練り直す必要がある。

何度試しても目標達成に問題があるとしたら、ものごとをユーモアで解釈することもできる。オスカー・ワイルドの言葉で元気を出そう。『ウィンダミア卿夫人の扇』に出てくる言葉である。「人生には二つの悲劇がある。一つは、心から願っていることがかなわない場合。もう一つは、願いがすべてかなった場合。この二つのうち、二番目のほうがより悲劇的である」

6★「内面の独り言」

よい考えが人生の幸福をもたらす

——マルクス・アウレリウス（ローマ皇帝）

実のところ、あなたはいつも「内面の独り言」を言い続けていることをご存知だろうか？　頭の中では昼夜、疲れ知らずのセンサーが動いており、あなたはかなり長い時間おしゃべりをしているのだ。このセンサーは、あなたが決断を迫られていたり、外部からのストレス、または自分で生み出したストレスがあったり、期限が間近に迫って、プレッシャーを感じていたりすると、特に活発化する。おわかりのように、こういった状況はざらにある。大部分の人は意識していないが、そのときの状況に注意を向ければ、気づくようになるだろう。

事実私たちは、これは自分にとって危険なことだろうか、嫌なことだろうか、愉快なことだろうか、おもしろいことだろうか、もしくは、どっちでもないだろうか、というふうに、人生でのあらゆる状況をいつも評価している。そしてその評価は、人によって大きな差が生じるのである。たとえばバンジージャンプについて、考えただけで恐怖を覚える人がいるだろう。そのことを考えると、動悸がして、冷や汗が出てパニックになり、すばらしいことなど想像できるわけがないと思う人がいる一方で、今度バンジージャンプをする機会をわくわくして待っている人もいる。ジャンプするという行為そのものは、どちらの人間がしても表面上は同じだ。しかし、各人の評価は異なる。快感か、恐怖か、生命に危険を及ぼすかもしれないほど危ないと思えるものか、というふうに。

同じ状況のもとにいるのに、あなた自身か友人たちがふだんとはまったく別の態度を見せたという経験があるだろう。たとえば、スーパーで偶然、上司に出会った場合のことを考えてみよう。あなたは気まずい状況になったと評価するかもしれない。おまけに胸がドキドキしてきた。あなたはこう思う。「ちぇっ、よりによって今ここに現れなくてもいいのに。せっかくの気分がだいなしだ。それにしても、何かおれのことを探っているのかな」実際には、あなたがそのような評価をしなければならない決まりごとなどないのだが。

出会ったのが友人であったら、同じ状況でもあなたはまったく別の反応を示しただろう。普通、喜んでおしゃべりを始め、胸がドキドキすることも、気まずさもなかっただろう。違いは一つだ。

あなたがその状況を異なったふうに評価したということだ。この場合は先とは別の感情を抱き、恐れを感じもせずにリラックスできて自然にふるまう。

たとえば、気まずさを感じる。恐いと思う。精神的に打ちのめされたような気分になる。楽しい、おもしろいと感じる。またはそれらはあなたがいつも自分でしている評価であり、全部自分自身で選択したものである。または、長い年月のあいだに、受け身でよく考えもせず、他者がした評価を身につけてきたのかもしれない。この評価するということが完全に主体的であれば、評価の内容はいつでも変えられるのだが。そうなれば、以前は気まずく感じていたことも今度は逆におもしろく感じられる。初めてのデートやダンス教室の初日のことを思い出してみよう。当時はどう感じただろうか？　今はそのことをどのように思っているだろうか？

次に述べることは重要だ。

【事実が人生を困難にするのではなく、その事実に関して私たちが下した評価が人生を困難にする】

この洞察は、人生において大きな意味を持つ。人生におけるある事実、たとえば、身長や年齢や天気を変えることはできない。姑や上司が見せる実に不愉快な態度を変えるのも無理だろう。しかし、その事実に関する評価と考えは変えることができる。そうすることによって万能の鍵を手に入れよう。それを使えば、人生における可能性とチャンスを大きく拡げることができるのだ。すなわち、どんな状況においても、自分の思考を支配する絶対的な君主はあなたであり、あなたが主人なのだ。

これで、なぜ私たち人間がすぐにたまらないほど憂鬱《ゆううつ》になったり、かと思うと有頂天になったり、陽気になったりするのかも理解できるだろう。つまり、これは今あなたが落ち込んでいるとか、おもしろくない気分であっても、すぐに再び「正常に戻って」、機嫌を取り戻すことができるという意味でもある。そのための必要条件は「適切な思考」をすることである。それがあなたを状況にふさわしい感情に導くのだ。この章が終わるころには、あなたもそれができるようになるだろう。

内面の独り言とそれに続いて生じる個人の評価については、犬の吠え声とか赤ん坊の泣き声という例があげられるだろう。同じ音なのに、音の出どころや大きさが人によってまったく違ったふうに受け取られるのである。つまり、私たちが音を出している人と親しい関係にあるか、「あんなやつ消えてしまえ」と思っているかによる。愛犬が吠える声や、わが子の泣き声は自分の耳には音楽のように響く。それは元気である証拠。健康な証拠。「なんてかわいくて、頭がいいのかしら」まあ、こういったふうに全部ポジティブな性格をそなえており、それを私たちは無意識に好ましい音と見なす。出来事について私たちが選び取った思考を通して評価し、感情を抱くのだ。喜びと満足を感じ、心は平和になる。

それとは違って、すぐにカッとなることで知られた不評判な隣人が飼っている飼い犬（もしくは不評判な隣人の赤ん坊）であると、同じ音なのに突如としてまったく別の思考が生じ、まったく別の意味に解釈される。そこで、突然「騒音」となり、これは普通の人がとても我慢できないような騒音妨害だということになる。そのうえ、この迷惑には耐えられない、と即刻当局の手にゆだねて決着をつけようとするケースもしょっちゅうある。騒音とされた音に拳を振り上げ悪態をつく。このことをドイツの詩人クルト・トゥホルスキーがうまく表現している。「自分の犬はうるさくない。ただ吠えているだけ」

それに似た例はどこにでも限りなくある。「木の枝が隣の庭から越境してきてるぞ。それに、悪趣味にしか見えないあの置物の小人ときたら、こっちの庭との境界線ぎりぎりのところに置いて、私に挑発をしかける気らしい」

果樹から落ちた果実が誰の物かといった法律の問題になると、いっそう複雑だ。枝を切ってよいのは誰か、伸びすぎた枝をどのようにするか、剪定《せんてい》する義務があるのは誰か？　このようなことは、正当性や隣近所とのつきあいにおける義務や違反（もちろん、悪いのは〝隣人〟に決まっているのだろうが）に関して、よく考える必要のある重要な問題だ。しかし、状況はほぼ同じであっても親切なお隣さんというふうにもなる可能性もある。あなたが隣人たちを時々夕食にでも招いたとしたら、同じ状況もまったく違ったふうに解釈されるのだ。隣の庭や木々やあなたの庭に入り込んでいる枝は――（ここに注目してほしい）、そう！　まったく問題でなくなってしまう。事実、庭の境界線のところに立っている置物の小人も全然気にならなくなる。

もしあなたが別の気持ちを抱いていたら、他者への態度も違ってくるだろう。世界が突然、まったく別のように見えるだろう。もっとも、あなたは知らない間にそのような体験をしょっちゅうしているはずだ。思い出してみよう。初めて飛行機に乗ったときのことを。どんな気持ちがしただろうか。そして、今日ではどんな気持ちがするだろう？　車の免許を取って初めて一人で運転したときは？　ずいぶん前だろうが当時はどう感じただろうか。そして今は？

外国人や肌の色について評価する場合もまったく同じことが言える。トルコやトルコ人に対してよくない印象を抱いている平均的ドイツ人も、休暇でトルコに行って人情に触れ、温かい歓迎を受けると、たいていは違った見方をするようになる。

幼い子供は、外国から来た人たちに対する考え方がまだ未熟なので、認識を変えることで何が可能なのかを私たち大人に示してくれる。肌の色が違う外国人の遊び仲間と一緒でも何ら問題ないという教育学的な事実がある。彼らは自分たちと同じ肌の色の子供たちと遊ぶときと同様、違う肌の色の子供たちとも楽しく無心に遊び、友情は自然に育つ。そもそも子供たちは外国とは何かを知らない。しかし、彼らが少し成長し、両親の疑い深い評価を受け継いだとたん、別の感情を抱くようになるだろう。それは大体においてネガティブな感情であり、行動もそれに伴って変わる。

ここにあげた例を読んでも、あなたはなおピンと来ないかもしれない。というのも自分の身に直接起きたことではなく、他者の上に起きたことだから。アルバート・エリスの論理情動療法では、「合理的思考」と「非合理的思考」の区別が知られている。大きな効果が立証されているこの思考手段をあなたが役立てられるよう、以下に説明を紹介しよう。それはあなたの人生をよりポジティブに、より幸せな方向へと発展させるために役立ち、目標に向かって、より迅速に容易に到達するための助けになると思う。

ここで重要な点は、人生において、もっと合理的な考えに基づいてものごとを再検討することで、非合理的な考えを影の薄い存在にすればいいということである。

非合理的思考	合理的思考
どんなことがあっても、全員に好かれなくてはならない	みんなから好かれたらもちろんすてきだろうが、当然、全員に気に入られることなんかできない
私の言うことを他の人はしなければならない	私自身、命令を受けたがる人間ではないように、他の人も同じだ。誰も強制されない
あれこれに対して怒りを覚える	何も、誰も私を怒らせることはできない。私が自分をそう仕向けなければ。自分で怒りを作り出しているだけ
誰それが私に権力をふるう	権力は、受け入れる人がいるから存在する。誰も私に権力をふるうことはない。私がそう仕向けなければ
私は大事な仕事や決断しなければならないことを後に延ばす。なぜなら今はそれをする時機ではないから	私は「先延ばし病」に感染しない。今、対応して決める。単に待つのは正しくない
試験に落ちたことは、私が価値のない、ダメな人間であることを新たに示すものだ。あきらめよう	試験に落ちたが、人間としての価値がどうのというわけではない。もう一度トライしよう
それは不公平だ。人生は不公平であるべきではない。ひどく腹が立って、何もかも放り出したい気分だ	残念なことだが、不公平はよくある。不公平がなければ世界はずっとよいものであるだろうが。しかし私は、そのことに惑わされず自分の道を進もう
最悪の災難が私に起きた。耐えられない	その出来事は気持ちいいものではないが、数々の困難は克服するためにあるのだ。今、最善を尽くそう
つれあいが私を非難した。彼（彼女）は私をもう愛していないということだ	つれあいが自分の観点から「真実」を私に告げた。これは私に関しての価値ある情報だ。このことは彼（彼女）が私を愛していないということにはならない

非合理的思考

非合理的思考は不健康的、独断的で、目標達成を妨害する。第三者からは理解されることがない。発言はいつも、他者への要求や命令のかたちで表される。「あれこれはこうあるべきだ。こうであってはならない」というふうに。完璧主義的な解決を得ようと努めるものだから、決断は永遠に延期される。世の中について融通の利かない厳格な信念も非合理的思考の例である。「世の中の何もかもが悪い」といったものだ。見えてくるのはいつも悲劇的結末である——実際は雨雲が多少見えるだけのときも。

合理的思考

合理的思考は人を精神の健康、創造、満足に導き、目標達成を早める。第三者からも容易に理解される。完璧主義ではなく、態度はどちらかというと現実的で、決断も適当な時機になされる。発言は願望や嗜好といった期待のかたちで表現される。「こうしたいと思います。こうであったらすてきでしょうね。そうであったらよりいいだろう」というふうに。世の中についての意見も柔軟なものである。たとえば、「世の中はいいとか悪いとかではなく、むしろ最善をつくすかどうかによる」という考えだ。合理的思考をすれば、人とうまくやっていくのに役立つ。

私たちが合理的思考をしているか、非合理的思考をしているか、そのたびに自然にすぐ見分けることができたら便利だろう。しかし、このように区別できるようになるにはある程度の練習が必要だ。自分の思考の達人になるよう、不思議なパワーがある次の三つの原則を自分のものとする努力をしよう。

【適切な思考・適切な感情・適切な態度】

自分の思考をコントロールすることをマスターできたら、感情のコントロールもマスターできたことになる。「適切な思考」と「適切な感情」があれば、当然の帰結として、「適切な態度」に行き着く。この三つを組み合わせると、あなたが本当に望むことを実際にかなえるための戦略は最大の効力を発するのだ。そうなれば、もう周囲の承認に依存することもなくなり、自立した思考スタイルになじんでくるのである。その思考スタイルは目標を達成する際、非常に有効であるばかりでなく、自信が深まり、そのうえ友人や知り合いから好意を持たれるようになる。

あなたの思考の変化と、それに伴って現れた態度の変化に彼らは気づく。周囲の言うことばかり聞いて行動していたあなたは、秋の嵐にあっちこっちへと吹き飛ばされる震える落ち葉のようだった。しかし、もうそうではない。あなたは自信満々で自分自身の道を行くようになるだろう。

ここでは、いわゆる「ポジティブ思考」について、それを単独で取り上げようとしているのではない。それだけではアプローチとして十分でないのだ。なぜなら、背後にある自分の非合理的な思考に気づいていない場合や、目標がない場合、もしくはフラストレーションに耐える力を養ってこなかったせいで何でもすぐに放棄する性格である場合、この「ポジティブ思考」は、あまり役に立たないのである。

ポジティブに考えることはよい基本的態度であり、よいスタートだ。しかし、あなたはそれ以上のものが必要だと思うだろう。それだけでなく、適切に行動するという点がいかに重要かをあなたは本当は知っているはずだ。残念ながら、単なる考えだけでは世の中は変えられない。したいと思ったことをどのように見つけ、実行に移し、実現するかについて、あなた自身にしか歩めないような道を見つけなければならない。

第3章……………言葉は人間を表す

「言葉っていうのは、勘違いのもとだからね」　――サン・テグジュペリ『星の王子さま』

「○○しなければならなかったのに。するべきだったのに。したほうがよかったのに。できたのに……」このような言い回しは非常にポピュラーだが、あなたにも心当たりがあるのではないだろうか。不平不満を称えるこの歌を、不平家や不満だらけの人は至るところで歌っているが、「言葉は人間を表す」という、本章のテーマからすれば、これは大いに問題がある。

政治家たちのスピーチ（物言い）はと言えば、まったくお話にならない代物である。多くの政治家たちは、無意味で型にはまった内容しか話さない。自分たちの所属する党にもっと票が欲しくて美辞麗句を並べ立てる結果そうなるのだ。本当は実際問題を解決するためではない。自分たちが出した提案こそベストで、最も知的、天才的で、ノーベル賞ものだと信じて、自分たちが認められなかったら西洋国家はこれで没落の一途をたどるしかないだろうと言わんばかりの口調である。そして、他の党の提案が認められることは、悪魔が人々を地獄に引きずり込むのも同然と見なす。これは、心に砦《とりで》を築いて感情を受けつけないようにしている政治家がいることを示すいい例だろう。問題を実際に解決するためには、偏見を持たずに生産的な会話をすることが必須なのだが、彼らにはそれができない。

日常生活での権力争いとはどんなものか、多くの政治家たちが例を見せてくれる。彼らは正常な人間関係をなかなか結ぶことができない。たとえば、彼らは自分や自党の利益のことしか頭になかったり、他の人の弱点を利用したり、皮肉で荒々しい言葉を使って個人攻撃する。他人の不幸を喜び、悪い事が起きれば必ず他者のせいにして、自分の非は決して認めない。

大きな企業や組織で高い地位にある人たちの中にも、このカテゴリーに属している人が多くいる。なぜなら、彼らの働いている環境もまた政治家たちのいる環境に似ており、同じような心理的構造からなるシステムの中で活動しているからだ。そういうわけで、平均的な大多数の人たちよりも、むしろ政治家や企業の高い地位にいる人たちの中にこそ、専門家による心理的な助けが必要な人たちが多く存在するのではないかと私は思う。しかし、政治家たちの考え方は、ちょうど肥満した人と運動の関係に似ている。つまり、一番必要な人に限って何もしない。運動するのはスリムな人で、肥満した人は動かない。

政治家は言葉に感情をこめず、距離をおいた退屈な話し方をする。しかし、普通の人たちの間でも、オープンなコミュニケーションが一般的なわけではない。「私は○○が不安だ」という意味を含ませて、直接そう表現する代わりにこう言う。「○○について世間はよいとはいえない感情を抱いているのでしょうし、どちらかといえば否定的な傾向にあるのではないでしょうか」言い方の違いがおわかりだろう。後者は、自分の抱いている感情に責任を負わない言い方だ。つまり、自分が何かを感じているかとか、感じているとしたらどんなことかなどをはっきり他者に見透かされたくないと思っている。

本心を明らかにすることに対する不安は一般に広く蔓延しており、世間によく見受けられる。本心を他者に知られたくないのである。本心など見せずに、人間関係に距離を置いておきたい、ステータスという仮面の内に隠れていたいと思っている。「感情の貸し借りをしたくない。後で返さなくてはならない借りを作って後悔するかもしれないようなことは嫌だ。人間としての自分を垣間《かいま》見せたらって？　我々がみな抱えている問題や困っていることを表に出してみたらって？　ご冗談を！」

だが、それをしないでいると後で苦労することになる。なぜなら、気持ちの通い合う人間関係が生まれないのだから、信頼に基づいた協調から生まれる喜びや満足感もない。恐れや苦しみをほんの少しでも分かち合えたらどんなにいいだろう。要するに、気持ちの交流をしない人は、個々の顔が見えてこない群衆の、無感情で冷え切った世界へ逃避していることになる。人間関係上で危険をおかすくらいなら、孤独で寂しいほうがまだましと思っているのだ。

言葉で表現する際につきまとう厄介な癖は、私たちが長い年月で身につけてしまったものである。しかし、原則的にその癖は治すこともできる。ただしそれは、あなたが少なくとも本当に自分の意図を言いたいと願っていることが最低条件である。それを願うことは、私たちの社会を構成している上下関係のトップで、部下が大勢いるような人たちにとっては特に難しいことだろう。そのような精神面の環境下では、状況はさらに複雑である。そこでは権力（パワー）があるというステータスこそが、考えたり行動したりする際の、何をおいても最も重要な原則とされるからである。

しかし、もちろん彼らの中でそれを認める人はいない。長年こういう環境にいると、これらの人々は自分が権力のことばかり考えていることに気づきもしなくなるだろう。彼らの感情は真実の感情からはほど遠く、普通の人間関係でも距離をおいたコミュニケーションしかとれなくなるからである。そうなると、対人関係において他者は敵ということになり、止むことのない猜疑《さいぎ》心と不信感が生じるのだが、しまいには以上のことを見抜くことさえほとんど不可能となる。

それに加えて、次に述べる現象が起きる――つまり、上下関係の頂上へと登る途中で、外を見ることのできていた窓は、じょじょに、自分しか映さない鏡に変わっていくのだ。最高の地位まで昇ってしまった人間は、もはや平均的な人々の視線で周りの世界を見ることがなくなり、ますます自分しか見えなくなる。常にいる部下たち、アシスタントたち、報告をしてくれる人たちは、最も高い地位にいる人とは、人間個人としてのまともなコミュニケーションをする勇気がなくなる。下で働く人たちは、最も高い地位にいる人たちのことを気の毒とさえ思っているかもしれない。なぜなら、最も高い地位にいる人たちの払う犠牲は大きいからである。彼らの精神は着々と歪められていき、その状態から逃れようもなくなる。

私は地位の高い政治家やビジネスマンのセラピーを何回か手がけたことがあるが、まさにここに述べた内容そのものだった。多くの場合、表面上の立派さは、よく手入れされた外見にすぎない。彼らはほとんど職業病と呼んでいいほど、パートナーとの問題、性的な障害、こわばった顔の背後にある恐怖心、アルコールやタバコへの依存に日常悩まされている。

しかし、このような人々はプロによるセラピーという助力がなかなか得られない。彼らは着物をはぎとられて本性を見せることが恐ろしくてたまらないのだ。裸の王様にはなりたくない。他者に知られたくないから、助けを求めようともしない。彼らは、よりによって他者の面倒を見てあげなければならない保護者的な立場にいるので、自らが助けを求めるわけにはいかないと思うのだ。それでも、行き詰まってついにセラピストのもとに走るケースもたまにあるが、その場合もせっかくのセラピーを、心の深層に触れる前に、つまり、心に受けた傷や恐れが見つかる前に放棄する。

彼らの発する言葉から、事情はすぐにはっきりわかる。「あなたのところに来る決心をしたのは、妻が離婚したいなどと変なことを言い出したからなんです」真剣な表情でそう言う。もしくは、「私の部下たちは近ごろ、傍若無人《ぼうじゃくぶじん》にふるまうし、協力しようとしません。どうしたらよいでしょうか」。ここまで聞けばもう明確だ。つまり彼らはこう思っているのだ。「私は自分を変える必要などない。悪いのはすべて他の人間たちなんだから」と。

ここで述べたような言葉でのごまかしに加えて、さらに厄介な言葉遣《づか》いというものがいくつかある。普遍的な社会のルールだということにして、「普通はそういうふうにしないものだよ」「それについてはどうしようもないね」と言う策略で、頻繁に使われる手だ。自分個人の世界観なのに、それを一般的現実にすりかえて、つまり社会のルールとして売り込もうとするケースである。たとえ、それがどこから見ても疑問に思えるようなこと、少なくとも議論する余地があるようなことであったとしても。

「それについてはどうしようもないね」とは、どういう意味だろうか？　こういった発言をする人は、反論を言いたくてたまらないのである。人をくじかせるような、この種の常套句《じょうとう》に負けないようにしよう。個人（発言者）の意見は世の中すべての意見と同じではないのだから。この、個々の顔の見えてこない言葉＝「世間」「世の中」など、本当は存在しないのである。個人の顔を持たない「世間」なる言葉を使って、人々は表現上の仲間を得る。「世間」「世の中」という言葉を使わなかったら、仲間を得ることはできないと思っている。ただし、この論拠にはたいした重みはないので、簡単に壊れるのだが。「世の中では」「普通は」という言葉をとりあえずさしはさむ人は、そうした言葉の裏に事実を隠しているのだ。

誰もどうしようもできない状況というのも実際にあるだろう。だが、あなたや私、そして友人たちには、かなりのことができるだろう。だから、やってみようではないか。すぐれた人類学者であったマーガレット・ミードは次のように表した。

「断固たる意志があれば、少数の市民でも世界を変えることができる。そのことを絶対疑わないようにしよう。事実、唯一そういった人たちだけが世界を変えてきたのだ」

1 ＊意味のない言葉の羅列に注意

大きな夢や目標を達成するための道も、普通は非常に険しい。なぜなら、何かを実現させたいとか、首尾一貫した姿勢でアイデアを現実化しようという意志を、他人からの意味のないあいまいな言葉が邪魔してだめにしてしまうことがよくあるからである。そういう靄《もや》のかかったような言葉に目を光らせておこう。滑って転びやすい地形のほうに行く誘惑にかられないために。もしくは、あなたが他の人たちのあいまいな言葉を使う策略をすばやく見抜くために。

私たちの目標は、考えを明確に言葉で表現し、明確な結論を出し、そして、適切な行動という結果を導くことである。しかし、これはあまりポピュラーでない。特に、私たちが他者と対立したときがそうだ。たとえば、政治について討論するときや、自分のパートナーと口論になったとき。その際、露骨で明確な言葉を使っていると、感情面で危険かもしれない。なぜなら、単刀直入に言ったならば、後に反撃されることもあるから。そこで、私たちは言葉をやわらげたり、技巧を凝らしたり、表現を直すつもりでかえって悪く変えたりして、内容のないカラッポな決まり文句を使っている。

至るところで、「……でしょうけど」と言ったり、さらに意味がわからない表現＝「……と思わないでもないのですが」などと言ったりする。「え？　何だって？」と、私はわからなくなり、「はたしてこの人は本当にそう思っているのか、それともそう思っていないのか」と、自分自身に尋ねることになる。

こういう「意味不明」氏は、どんな条件の下でならば本当に真剣に考えるのだろう？「……と思わないでもないのですが」は、逃げ道を確保している言い方だ。出口をいつも広く開けておいて、義務と無関係でありたいのである。そういうふうに表現する人はたいてい、ものごとをますます不明確にして、どうにでも解釈可能という状況を作っているのだ。

広告業界では、売上を増やすために真相をぼかした言葉が好んで使われる。私は時々、地元の新聞に載るファッション系の広告に目を通してみる。その種の店はたとえば、肥満した人たちが社会から取り残されることないように、特大サイズ専門のズボン、衣服、その他いろいろな商品を扱っている。しかし、「ふとった」や、「肥満」という言葉を広告で使うことはタブーである。そんなことをしたら真実をずけずけ言うことになるし、恐ろしくてとてもできない相談なのだ。そこで、たとえばこう呼ばれる。「たくましい男女のためのファッション」。だが待てよ、と私は思う。そういった男女が「たくましい」というのは本当だろうか。腕立て伏せや懸垂《けんすい》を一回でもやれるだろうか。相当量の脂肪をいつも持ち歩かなければならないから疲れ果てて、普通サイズの同年輩と比べると力など出ないのではないだろうか。

このようにして、現実は簡単に別の意味に解釈し直される。ふとりすぎという弱点は「たくましさ」に置き換えられる。こうすれば店の売上も増えるだろうし、ふとりすぎの紳士淑女もホッと一息つけるというわけだ。減量して普通サイズの服を買う代わりに、食べ続けて、ふとりすぎ状態を維持して、みんなニコニコ。「問題は解決されていないが、言葉で別の解釈をしたことだし、もうたいした問題でもないさ。本当は減量するべきだけど、それは難しいし、努力しなくちゃならない。まあぼちぼちやればいい。時間はたっぷりあるんだから。急ぐことはない」

似たような例が、有名な「突然のことで驚いております」というような、遺憾の念を表す際に悪用される言葉の羅列である。事故や不幸な出来事に際して、本当に心から慰めの言葉や見舞いを言うのではなく、無駄口をたたくだけの人が必ずと言っていいほどいるものだ。マイクがあれば、それこそ何度も練習した弔辞《ちょうじ》や見舞いの言葉をすぐに述べるというふうに彼らの知恵ははたらく。この種の弔辞やお見舞いの言葉などお安いものだ。一銭とてかかるわけではなし、場合によっては次の選挙に何票かもらえるかも。

しかし、身振り手振りには心で思っていることが表れるものだ。だから、動作を見れば、深い心痛など少しも感じていないことがわかる。崇高な言葉を聞いても、その言葉は嘘のようにしか聞こえないし、信憑《しんぴょう》性も心からの同情も感じられない後味の悪さが残る。その政治家や社長が次に行くところはスケジュールに組まれており、もう行く時間だ。お抱え運転手がエンジンをかけて待っている。

お決まりの弔辞や見舞いの言葉は話し手の正体を暴く。その人間は自分の存在全体で話さず、口先だけで話すのだ。繰り返された練習と、ご都合主義の表れ、それを彼らは弔辞や見舞いの言葉と呼ぶ。

あいにく、彼らにできないことがある。それは、他者の苦しみをその人の身になって本当に心から考えること。自分の感情を表に出して、思わず泣いてしまうようなこと。心から他者を慰めようと、援助の手を差し伸べるといった行動。世の中には悲惨な事件や、どうしようもできないこともあると認めること。

2 ＊奇妙な現実――赤バラは赤いのが当然か？

「現実はイリュージョンにすぎない」　――アルバート・アインシュタイン

自分自身が使っている言葉の癖を注意深く調べると、好ましくない癖がいくつか見つかるだろう。一見、私たちの使う言葉と、幸せで満足感を感じる人生を求める努力とは無関係なように見える。言葉は単に名前をつけてものごとの意味を表すために使うと思っている人もいるかもしれないが、もっと注意深く見てみると、それは真実でないことがわかる。あるものに名前をつけて、その意味を言葉で表すと、私たちはそれに何らかの価値を与えることになる。ここが肝心なところだ。

私たちはこれまで、言葉の好ましくない使い方をいくつかの例で見てきた。もし私たちにある言葉の癖に気づかずに誤った使い方をすると、望んでもいない結果になって、「嘆きの谷」に落ちるかもしれない〔訳註・旧約聖書に出てくる谷。そこの住民はいつも嘆いている〕。

言葉はものごとに名前をつけることに役立つだけでなく、私たちの世界を作り上げ、評価する役割を果たしている。特に後者の点は私たちが思っているより重要だ。第2章で、「内面の独り言」について述べた。ここでは、それが私たちの脳内でどう作り上げられるのか、感覚器官への印象はどんなふうに評価され、脳内でプロセスされるのか、視点を拡大して見てみよう。私たちの知覚はコンピュータのように客観的なはたらきであると単純に思っている人もいるだろうが、それは正しくない。

宮殿のあるすばらしい庭園を散歩するという、比較的簡単で、理解しやすくて、楽しい活動を例にとって考えてみよう。先日、ある大きな祝賀パーティーがあった際、私は三人の知人と一緒にその立派な庭園を歩いた。気持ちのいい夏の日、色とりどりの灌木《かんぼく》の花はうっとりするような甘い香りがしてくる。枝を張った木々の間をリスたちが走り回る。蜜蜂の羽音が聞こえ、太陽が暖かく心地よい。歩きながら、私は知人たちに尋ねた。「君たちなら、この庭園をどう描写する?」

彼らは次のような意見を述べた。

Aさん——すばらしい色だなあ。絵に描く場合、こんなすごい色をどう出したらいいかわからないだろうな。それでも絵の具と絵筆を手にして、実際に描いてみたいな。

Bさん——ここは実にいい。この庭園を完成するのにずいぶんお金がかかっただろうね。コストを取り返すことができるのかなあ。入場料だけでは不十分じゃないかな。まあ、園内のレストランとホテルから収入はあるだろう。でも、冬は期待できないよね。有能な経営コンサルタントがいるといいね。

Cさん——ここの建築、すてきだわ。ここまで築き上げるのは簡単じゃなかったでしょうね。建物と庭はとってもバランスがとれてるし、宮殿はかなり古いけど、基礎はまだしっかりしているわ。ただ、庭園を造る際に、入口と出口を別々にしたほうがよかったかもね。

これが、同じ設定の下で私がした一つの質問に対する三つの意見だ。しかし、同じなのは表面的な設定だけである。私たちの脳内では、入ってきた情報に対してすぐに数え切れないほど多くの選択と評価をするメカニズムが作動する。さて、三人が庭園をどう描写したかで彼らの職業がわかるだろう。

（Aさん＝画家、Bさん＝税理士、Cさん＝建築家）

この庭園が実際はどうであるかを知るためには「客観的な真実」のみを見つけなければならない――のだろうか。だが、ここまで読み進めてきたあなたなら、私がここで何を言いたいかおわかりだろう。それは不可能なのだ。なぜなら、私たちはみな、各人の心理的な状況と体験をもとにして意識的あるいは無意識的に出来事を観察し、評価する。そして、それに応じて意見が生まれるからだ。「客観的な真実」というのは本当に厄介なものなのである。

もう一つの簡単な例で、色彩の知覚を私たちがどう主観的にとらえるかを見てみよう。あなたは夏のある日、散歩しているとする。広々とした緑の野原に、美しい野の花が咲いている。そこで私たちは野原の色を「緑色」、と感じるだろう。帰り道、もう一度そこを通る。そのときはもう日が傾いている。それでも私たちはその野原を「緑色」と見るだろう。しかし厳密には、単に私たちが取り決めどおりに「緑色」としている光の波長を見ている、と言う必要がある。たとえば、動物が完全に違ったふうに色を知覚することは周知の通りだ。もし動物たちに質問できたら、彼らは「灰色だよ」と答えるかもしれない。そして、夕暮れの野原は間違いなくもう緑色ではない。なぜなら、光の波長は前とは異なっているから。「そんなこと言ったって、野原は緑色だから、夕方暗くなっても緑色に間違いないよ、誰が何と言ったって！」

写真を撮るのが趣味という人には次にあげる例が容易におわかりと思う。私たちが想像した色とまるで違う色になってしまうことがよくあるのだ。この前のスキー旅行で撮った「白い」はずの雪。それが全然白ではなく、青みがかっている。経験豊富な写真家はこんな失敗をしないよう、特別なフィルターを使って雪が本当に白く見えるようにする。夜間の赤いバラは確かに赤ではなく、灰色だろう（とにかく絶対に赤ではない）。しかしそれでも私たちは天に誓って言うだろう。雪は白で、バラは赤いのが当然である、と。

知覚についておかす誤りはこれだけではない。さらに誤りをおかす原因がある。現実の知覚というのは、一時的な必要性に左右される。空腹時にいい匂いのするパン屋を通り過ぎたり、スーパーに行ったりした場合、どう感じるかあなたもきっと心当たりがあるだろう。突然目の前の至るところにおいしそうなものが見え、いい匂いがして、よだれが出そうだ。もし満腹時だったら注目しなかっただろうが。人は空腹時のほうが満腹時と比べてカートに食料品を多く入れることは証明ずみである。つまり、必要性が現実を変えたのだ。適切と思える量、必要だと思う量が突然変わったのである。

女性が妊娠すると同じことが生じる。妊婦は町の至るところ、どちらを見ても妊婦がいると感じ、あちこちに乳母車を押す男女がいるように見えてくる。雑誌やネットには、おむつの換え方教室や、「ママと一緒に遊ぼう」教室、妊婦体操の情報が山ほどある。「いったいどうして、こんなにたくさんの教室があるのかしら」

つまりここでも、どのような気分が優勢かで、どう知覚されるか、現実がどう構成されるかが決まるのだ。手と手をとりあって公園のベンチに座っていた恋愛中のころを覚えているだろうか？そのとき幸福で希望に満ち、世界はバラ色で調和がとれているように思えただろう。今恋愛中であれば、まさにそれがわかるだろう。「道端に咲いた花からいい香りがする。人々は笑顔で楽しそう。世界を抱きしめたい気分だ。時間がこのまま止まってくれたらいいのに」

逆のことも考えられる。あなたが落胆しているとする。もしくは、怒りを感じている。世の中はどんなふうに見えるだろうか。突如、みんながあなたを騙《だま》そう、利用しようとしているように見えるだろう。世の中は利己主義で、攻撃的な人々に支配されている気がして、誰ももう信用できない。ごくささいなことでさえ、あなたの怒りを爆発させるかもしれない。スーパーのレジで何人も並ばされ、ようやく店を出たところで駐車違反のステッカー。ホントにもう……！　世界は猛獣の檻《おり》のような気がしてくる。堪忍《かんにん》袋の緒《お》が切れそうだ。そこで私たちが主にしなければならない仕事とは、至るところに埋められて私たちの生命を脅かす地雷を踏まないようにすることのように思えてくる。

こんなふうに私たちは世の中をいろいろに解釈することができるのだ。

今まで述べてきた例は比較的わかりやすいが、そこからいったん離れ、日常何ら気にとめることもなく抱いている観念を客観的なこととして調べてみると、問題はずっと複雑になる。

私たちがしばしば使う「自由」「愛」「正義」といった言葉の概念について考えてみよう。こういう言葉は概念が抽象的であり、そこに内容が伴っていないと意味がない。それでは、その内容とは？本当の意味とは？

定義のないこれらの概念をごまかして使っている人は大勢いる。実際、ある意味で使われた言葉が、聞くほうの人間に、話し手の意味した内容そのままに理解されるというわけではない。それどころか、その言葉に関して、相手がまるで違ったふうに理解している可能性のほうがずっと高い。「そんなことないでしょう」と、あなたは異議を唱えるだろうか。「私は正義が何か知っているわ」そのとおり。あなたが自分なりに理解している意味での「正義」ということであれば、あなたは正しいだろう。しかし、あなたがコミュニケーションをしている相手がまったく違う概念を抱いている可能性はかなり高いのだ。表面では完全に同意する。なぜなら、「正義」の概念を話しているのだから。しかし、単なる言葉のやりとりの裏では、まったく異なった考えをする世界が潜んでいる。この時点で解釈の違いが始まる。ドイツで、パレスチナから来た人たちに、そして一方ではイスラエルから来た人たちに、正義についてどう理解しているかを聞いてみるとどうなるか（あるいは、アルバニア人とセルビア人に）。そこで、双方の描写する概念が極端に違っていることがわかるだろう。

私たち個人の生活にも、実はこのような解釈の違いは普通にある。「あなたは家事を手伝うって言ったじゃない」と彼女は言う。「手伝ったじゃないか」と彼。二人の間で、「手伝う」の意味が違っていることは明白だ。彼女が言う手伝いとは、皿を洗って台所をきれいにすること。彼は、ゴミを外に持って行けば十分だと考えた。双方とも、自分だけの考えにしたがって同意していたから、自分は悪くないと思っている。二人は、「手伝う」の意味を双方が完全に違ったふうに解釈したから、不愉快に感じる。

自分の解釈と相手の解釈が食い違っていないかどうかはっきりさせるために、相手の言葉が本当はどういったことを意味するのか尋ねることは必要だ。ものごとを明確にすることはいつも役立つ。つまり、他の人が正しく理解したかどうか聞いてみるのだ。これをすると、あなたが本当に相手の話に耳を傾け、興味を示していることが相手に伝わり、気持ちのよい雰囲気になる。そうすることによって、一人でえんえんと話す傾向や、教師のような口調で相手に説教するように話す傾向も避けられるだろう。次に述べる原則が定着すれば、多くのことが得られるだろう。

【自分の言葉が理解されるより、相手の言葉を理解することが重要である】

一人でえんえんと話す人たちや、自分こそは何でも知っていると思っている人たち全部にとって、この原則は目の上のたんこぶだろう。しかし、他者の話に耳を傾けるという高度の技術は重要である。他者に耳を傾けるということは決して受け身の行為ではない。他のことを忙しく処理しながら同時に他者に耳を傾けることなどできない。相手の話に興味を抱き、集中しなければならないし、共感力も必要である。つまり、それは積極的なプロセスなのである。これは簡単なことではないし、努力なしでできることでないことは確かだ。しかし私たちはその方法を学んで、実行することができる。私たちが他者の話に耳を傾けているかどうかの問題は、車の運転の上手下手に関することに似ている。運転が下手なのはいつも他者で、自分自身はベテランだと見なしているようなものだ。私たちが外国語や外国の文化について、この種の危険をおかせば、ここに述べた問題はたちまち深刻化する。私はよく旅行するのだが、自分の無知から人をびっくりさせたり、誤解を招いて大恥をかいたりしたことが、一度ならず何度もある。たとえば、レモネードはドイツ語でリモと言う。しかし、アメリカでは「リモは当然、レモネード」と思ってはならない。米語ではリムジン車のことなのだ。あなたがアメリカの海辺のカフェで、「リモを」と注文すれば、ウエイターはなぜ今リムジン車が必要なのか不思議がるだろう。

原則的には、あなたの意味することがそのまま相手に理解されるとは思わないことだ。初めて会った人と話すときや、新しい状況の場にいるときは、特にそうだ。抽象的な概念について話す場合は細心の注意を払おう。自分の自己中心的な見解に気づかないでいると危険だ。いわゆる自称プロや狂信者たちが、自分の世界観こそがすべてだと宣伝するようなケースにおちいりかねない。

一般意味論学の創案者であるアルフレッド・コージブスキが述べた言葉は有名だ。

「『地図』は『現地』ではない」

私たちが考える地図とは、それを土地と見なす〝模型〟を意味している。これはその土地そのものとは違っている。私たちはこのようなパターンに慣れてしまっているが、実は無数に違ったパターンを作ることができるのだ。つまり、いつも使っているのとは別の地図を作ることができる。たとえば、高速道路に通じる道の地図、田舎に行く道を示した地図、電磁波を発する源がわかる地図(携帯電話用に設置されたアンテナを思い浮かべてみよう)、給水塔はどこか、どんな動物がどこにいるか、交通音がうるさい場所、鳥のさえずりが聞こえる場所を示した地図……。また、これは私の提案だが、静かな場所がわかる地図。高速道路を太く濃く表す代わりに、自転車道を太く濃く表した地図など。これらの簡単な例から、「事実についてのイメージ」とはいかに厄介なものかが、そして、それはしばしば単なる取り決めにすぎないことがわかる。また、それが完全に自己中心的な主観であることや、決して一つの事実だけを伝えているものではないことがわかるのである。

もし、あなたが人生に幸福と満足を望むなら、「評価」が常に重要視されている実際の人生にはしょせん、「客観的な現実」などというものはないのだ、という根本的な認識だけでなく、他者と協調しようとする意志と、ある程度の寛大な冷静さが必要だ。心理学者のポール・ワツラヴィックは、『現実はどれほど本当か（*How Real is Real?*）』という著書の中でそれを的確にまとめている。

「現実そのものを独りよがりの視点でとらえた信念は、危険な妄信である。そしてさらに危険なのは、その妄信が救世主的な使命感と結びついて、世の中を強制的に啓蒙・統制しようとすることだ」

現実とはどこかに存在しているというものではなく、私たちが日々作っていくものである。つまり、現実とは探せば見つかるのではなく、創造されるものであり、観察者しだいのものである。だから、現実は一つだけではなく、数多くあることになる。

この本の中で私が述べる「現実」についても同じことが言える。だから、私もあなたに「客観的な」現実を示すことはできない。私にできることは、せいぜい次のようなことだ。あなたの思考に刺激を与えること、問題を解決する糸口を見つけるために新鮮な風を吹き込む、といったこと。木を見て森を見ないということにならないために。しかし、現実はいつも主観的なものだ。あらゆる熱狂的狂信者の見る現実がそうである。宗教的な狂信者や、幸福への道はこれしかないと自分たちのやり方を他者に強要しようとする人たちを見るとわかるだろう。

　現実は主観的であるということは、私たちが今後は自由に無秩序さを推し進めてよいという意味ではないし、「どうでもいいや」という風潮を肯定するという意味でもない。それどころか、あなたは今まで自分の宿命だと思っていたことを、新しく得た知識を使って批判的に再検討するという立場に立てるのだ。そして、他者と対話をする際には、相手への敬意とお互いの思いやりを判断の基準とした、新たな現実を作っていくことが容易になるだろう。

　厳密には主観的な「真実」というものなどないのだ、と知ることによって、他者に協力しようとする態度と、他者が自分と違うことを認められる寛容さが生まれる。そして、あなたは自分で選んだ人生を、ずっと実り多く、また社会的にもっとうまく生きることができるようになるだろう。現実は一つしかない、などとうそぶく人々とつきあう必要などもうない。彼らの主張する現実とは当然、常に当人の視点からとらえた現実なのだから。

　それから、男女のパートナーシップに関してこれほど多くの問題が生じる理由もあなたにはわかるようになるだろう。現実を共有して、なおかつ幸福であるのは難しいことであり、それが可能になるのは、相手が自分と違うことを認める寛容さと、信頼があるときのみである。現実についての見解を異にしていても、相手の身になって考えようとする態度が大事なのだ。これは、自分自身の現実だけでなく他者の現実も受け容れられるということだ。もしそれがうまくできたら、他者とコミュニケーションをする際に、より効果的で満足のいく結果が得られ、あなたは大きな進歩をとげるだろう。無限の可能性のある人生があなたに開かれるのだ。こせこせしたことを考え、どうでもいいような小さなことを際限なく議論するのはエネルギーの無駄使いであり、高い目標や夢を実現する道を塞いでしまう。

これまでは一般的な例を述べてきたが、ここでよくある個々の問題と、ものごとの評価をする際の状況に関連した、典型的なものの言い方について考えてみたい。次にあげる、同一の状況に関するいくつかの発言をあなたはどう思われるだろうか。

ある日、一人の青年（ここではイエンツと呼ぼう）が私のもとを訪れた。あっけらかんとして開口一番、「職探しは金輪際《こんりんざい》やめたよ」。イエンツは最近失業したばかりだった。「うまいやり方を見つけたのさ」横柄な口調だ。「アホな連中に仕えて働くより、さしあたり失業保険をもらって、後々は生活保護の金で生活するほうがいいよ」

その「アホな連中」とは、最近まで働いていた会社の人たちのことらしい。「馬鹿な人間だけさ、あくせく働くのは」と言って、彼は私を挑発するような目つきをした。実はこれこそが自分で作ったその人だけの現実なのだ。

そしてイエンツの立場について、三人が意見を述べた。その三人とは、イエンツ本人、母親、そして、彼の親しい友人である。

「もうがまんできない」

「単に怠けているだけだ」

「こうするほかない」

「仕事から逃げている」

「何もかも意味がない」

「状況を変えられないなんてお笑いぐさだ」

「こんなことが起きるのは私だけ」

「すべては一時的なこと。それは確かだ」

「仕事が楽しいなんてことは絶対にない」


三人のうち誰がどの意見を述べたか想像できるだろう。状況を単に言葉で指摘しただけで、すでに現実が主観的に構成されていることに注意してほしい。本当に同一の事情について述べたことなのか？　ここにある発言を見て、同一の状況に関することであるはずがないと思う人もいるかもしれない。

私たちは誰でも、ほとんど魔法と呼んでもいいようなやり方で、個人的な体験や自分に都合のいい思考のスタイルに基づいて評価し、現実を作る。右の異なった発言をあなたはどう感じるだろうか。どの評価が、新しい行動や、楽観的な考え方や、解決の道に至るだろうか。一方、受け身の態度や、あきらめや、落ち込みにつながるのはどの評価だろうか。

　私たちの多くは、まるで「大惨事」が起きたかのような言葉を無意識に選んで使う。まあ、これは一匹の蚊を一頭の巨象のように誇張して話すことがあるように、実際より悪いほうにものごとを解釈するという習慣だろう。

　もう一つ簡単なエピソードを述べよう。二〇〇三年、カリフォルニアで大火災があったとき、たまたまカリフォルニアにいた私はその惨事を見る機会があった（私が行った時点では火事は鎮《しず》まっていたが）。数千ヘクタールの森が燃え、それと共にすばらしい場所にあった多くの高級住宅が被害にあった。燃えてしまった家の前でオーナーの人たちがまだくすぶっている焼け跡を見つめ、がらくたとなってしまった物をひっかき回している光景を見て気の毒になった。私は人々に話しかけてみた。彼らはこの災害をどんなふうに受け止めているのか知りたいと思った。怪我した人も家族を失った人もいなかったが、家は全焼して、もう使いものにならない。人々のさまざまな受け止めかたに私は驚いた。代表的なものをあげよう。


「たいせつな物をみんな失ったよ」

「私は無の前に立っているんだ」

「私の人生はもう意味がない」

「この機会に、もっといい家を新築するさ」

「これ以上にひどい災害でなくてよかったわ」

「今回は運が悪かったけど、この次はきっといいことがあるよ」

「私に残っているものはもう何もない。あらゆるものがなくなってしまった」

「私が何をしたっていうの？　なぜ、こんなことに？」

「もう建築家に電話した。あらゆる点でこれまでよりも美しくていい家にするよ」

「友人が援助を申し出てくれたわ。なんとかなるって信じています」


以上の人たちはみな中年で、経済的に豊かであり、保険にも入っていた。どの人も大体同じ状況下で、決してお手上げという状態ではない。しかしおわかりのように、火災に遭ったことをどう受け止めたかは各人みな異なっている。これらの発言をすべてもう一度見てほしい。あなただったらこの発言の中からどれを選んだだろうか。

このように、現実とは厄介なものだ。私たちがある程度核心に迫り、コントロールしていると思ったのもつかのま、風呂で体を洗っているときに手から滑り出してしまう石鹸のように、現実は私たちのもとから抜け出してしまう。

さて、私たちが今まで学んだことを実行に移すときが来た。次に、自分のコミュニケーションのスタイルをどのように変えることができるか、そして、さらに多くの満足と、もっと速やかな目的の達成を促すような言葉の習慣を身につけることを学んでいこう。

3＊人やできごとにどんな「ラベル」を貼るか――頭の中にある引き出し

「あらゆることの中に歌が眠っている。そして、あらゆることが常に夢見ている。あなたが呪文を唱えさえすれば、世界は歌い始めるのだ」

――ヨーゼフ・フォン・アイヒェンドルフ（ドイツの詩人）

もうおわかりのように、**思考と言語と行動は内部でつながっており、一つのユニットと考えられるべきである。**あなたの人生において、もっとよい結果と、人とのもっとスムーズなコミュニケーションと、もっと多くの喜びと幸福が重要であると思うなら、自分自身の考え方と物の言い方に注意を払わねばならない。何を考えようと言おうと、私たちは常に自分自身の考えと体験をもとに主観的な言語表現をしているのだから。

入ってくるすべての情報から、私たちは自分で認識したい（ヽ）（ヽ）いものをフィルターにかけている。この選択の結果として、私たちは現実をどんなふうに描写するか決めているのだ。つまり、私たちは他人に、人間関係に、気持ちに、いつもラベルを貼っているわけである。そして、この貼り付けたラベルの上に次のような評価を書き込んでいる。「すてきだ」「ひどいなあ」「すばらしいよ」「嫌だ」「どうでもいい」「おもしろそうだ」等々。

しかしこのように、自分が常にしている選択――しばしば無意識での選択――を、私たちは意識的にコントロールすることができ、そうすることによって、よりよい結果が得られる。なぜなら、結果は、あなたが貼ったラベルしだいで異なってくるからである。

今度、新しく誰かと知り合いになったら、その人にどんなラベルを貼ったらいちばんいいか注意深く考えてみよう。多くの場合、ラベルしだいなのだ。よく考えれば、このほうが人間関係において役に立つというラベルや、周囲の人たちとの関係でもっと喜びが生まれるというラベルがあるだろう。あなたが新しい人を紹介してもらった際に、もし「嫌なやつ」というラベルをその人に貼ったとしたら、その人とあなたとの間にポジティブなものが生まれる機会はあまりないだろう。だから、ラベルの内容を変えるか、新しいラベルを貼り直したほうがいい。少なくとも、あなたがその人について正しい判断をしたと思えるようになるまでは。

このプロセスは、あなたの居間にある引き出し付きの戸棚のようなものだ。フィルターにかけて選び抜いた特定の情報を特定の引き出しに入れて、後で必要なときに見つけられるようにする（家電製品の取扱説明書を専用の引き出しに入れるように）。あなたはその他の周囲の情報もこのように処理している。ただ居間の戸棚に入れているのではなく、脳の記憶装置に入れているのだ。

あなたが抱いた目標にとって適当でない情報や間違った情報を引き出しにうっかり入れてしまったとか、ファイルに綴《と》じこんでしまった場合はどうなるか？　たとえば、道順を誤って書いたものだと、後で役に立たないことがわかるだろう（または正しい道順だが、間違ったファイルに収まってしまったとか）。

日常の情報を処理する場合、このことが特に重要になってくるのは、あなたが今の状況をネガティブなこと、恐ろしいこと、困難だと見なしたときである。

D氏は五二歳。既婚で、成人の息子が二人いる。ある大企業の課長として仕事は順調にいっていた。突然解雇されるまでは、の話だが。

心が深く暗い穴に落ち込んでしまった彼は、私のもとを訪れた。挨拶をかわしたとき、彼が悲しみのどん底にいることをそのボディランゲージが表していた。肩をがっくり落とし、青白い顔で足をひきずるようにして歩いていたのだ。一点を見つめる目はどこか奇妙で生気がない。彼は鬱《うつ》がひどくて苦しいと訴えた。もう人生にはたいした意味がないように思え、客観的に見ても事実は悲惨なもので、打開策はないと言う。彼が述べた次の言葉は彼のことをよく表している。

「本当に最悪です。もはや必要とされないのですから。降ろされたんです。会社のために一生を捧げてこんな長い年月がんばったんだから、ちょっとは感謝の気持ちがあってもよさそうだと思いますが。ろくでもない連中ですよ。夢にも思いませんでした。会社人生の最後に災難が降りかかってくるなんて」

以上の発言をしばらく考えてみてほしい。そして、彼がどのように受け止めているのか、どのように判断しているか、この状況にどのようなラベルを貼ったか、彼自身の価値判断からどのような結論に達したのかを私たちも感じてみよう。

私はD氏に、現在の立場を一言だけで表すことができるかどうか聞いた。すると、彼はちょっと考えてから言った。

「無意味」

彼が選んだ言葉を聞いて、治療のプロセスをどう始めるか、すぐにはっきりした。彼が深く考えずに無意識で使った次の言葉が、最も重要な役割を果たすことになる。


「最悪の状態」

「無意味」

「感謝の気持ちがない」

「会社人生の終わり」

「ろくでもない連中」

「災難」

「降格」


ずっとこのような言葉を選んで考えたり話したりしたら、人はどのような気持ちになるだろうか。このようなラベルを貼ったら、どのように感じるだろうか。気分が落ち込み、すごく悲しい気持ちがするだけでなく、実際どんなチャンスも訪れないだろう。私は彼に質問しながら、一緒にそれぞれの言葉を分析することにした。

❖これらの発言は真実を語っているだろうか。つまり、説得力があるだろうか。

❖これらの意見はあなたの目標達成に役立つだろうか。

❖このように考えなくてはならないのだろうか。誰があなたにこう考えるよう強制しているのだろうか。

❖あなたの立場に立った人は誰でもこのように考えるだろうか。

❖他にどのような考えや判断の可能性があるだろうか。


自分の個人的な立場を描写するのに、他の表し方もあることがD氏にはだんだんわかってきた。だが、ほとんどの相談者の場合と同じように、彼もまた自分の昔からの考え方と話し方の習慣を変えようとせず、外部の状況のほうを変えたいと思っていた。すなわち、「再び勤務したい。会社側は解雇を無効にして、謝罪すべきである。会社の建て直しをする一員として私を迎え入れるべきである（私なしで会社がやっていけるはずがない）」等々。したがって、「自分の考え方や話し方は昔のままでいい。変える必要などあるものか」と考えていた。

しかし、もし外部の状況のほうが変わってくれるとしたら、自分の考えや判断のパターンはそのままで変わらない。**困難や危機に再度出くわしたら、すべてを繰り返すことになるだろう。**それでは自分の精神力を強化するという意味での成長も、精神面での進歩も期待できない。外部の状況を変えたいと思うことが悪いと言っているのではない。両方変えることができたら理想だ。しかし、外部の事情はわずかしか変えられないか、もしくは、まったく変えられないということもある（たとえば、もう以前の会社に勤めていないのであれば、上司に変化を望むことなどできないように）。だが、あなたにはいつでも自分の考え方と話し方の習慣ならば変えられるのだ。「変える」という普遍的なツールは、常にあなたの手元にある。

私はD氏に聞いた。「あなたは失業を最悪の事態と呼んでいます。では、それ以上にネガティブな体験や事件は他にないという意味になるのですか」彼は当初、そんなことはもちろん聞きたくもないようで、失業こそが最悪（主観的に見れば、の話だが）だと主張した。だがやがて、鎧《よろい》のように固かった考え方に少しずつ変化が現れてくる。彼が「失業より悪い」と考えることとはどんなことか、私たちは話し合った。たとえば、がんのような大病を患う。妻、息子を亡くす。事故に遭って車椅子の生活になる、等々。また、自分で事実だと思っていることを変えずに、他の言い方で表すこともできるだろう。そのことを彼はじょじょに理解するようになった。彼が「災難」と思う他のいくつかの状況と量りにかけて比べてみた場合、失業したことは必ずしも悲惨な事態ではなく、それほど深刻でもなくなっていった。

D氏の考え方と話し方に、ゆっくりと具体的な変化が現れた。異なるラベルをうまく貼ることができるようになったからである。「最悪の事態」は「快適とは言えなくてもなんとかなる状態」に、「無意味」は、「百パーセント楽しいわけではないが、自分が楽しく感じて意味があるように思えることは他にも十分ある」に、「感謝の気持ちがない」は、「感謝を期待することはできなくとも、それまでの間楽しんでやったわけだし、お金ももらえたので、まあいいだろう」になった。

「侮辱」はすぐに重要なことではなくなった。というのも、彼の会社は新しい経営下に置かれ、以前とは違って利益だけを追求するようになっていたからだ。以前の仕事仲間も大勢が解雇されていた。

D氏は新しい思考と話し方のパターンを使って、新しい精神面のバランスを比較的早く取り戻すことができた。前の会社への執着も薄れていき、新しいチャレンジの出現のために充電することにした。そして、現在、彼はあるスポーツクラブの理事長をしている。そこで自分の経営者としての素質を活かすだけでなく、前からいつもしたいと思っていたこと――趣味と仕事を結びつけ、収入を得る――を実行している。要するに、彼が「災難」と描写したことは――よくあるように――後で幸運に転じたのである。

ここに述べた簡単な例は私たちに、考え方と話し方を使いこなす能力はパワフルな道具であることを教えてくれるだろう。視点を変えないままでは、精神的な状況と現実を変えることは不可能だったと思われる（ズームレンズつきのカメラの例を思い出してほしい）。

数回のセラピー後、D氏に笑いが戻った。そして、彼のボディランゲージも劇的に変化した。肩を落とし、足をひきずって歩くことはなくなった。見るからに楽観的になり、エネルギーが満ちている。彼は経営者として再び成功した。もう前の会社で起きたことに悔しい思いをしていない。それどころか、彼の意志に反した解雇に感謝さえしている。なぜなら、そのことがあったからこそ、今のすばらしい仕事を手にすることができたのだし、その後もずっと幸せであるわけだから。

この種の進展は決して異例なものではない。しかし、これは考え方と話し方の習慣が洗練されたときにだけ起きることであり、そのとき初めてこの変容が可能になる。この変容は誰にでも起こせる。つまり、あなたにもできるのだ。

そして、人生に起きたある状況――多くは、あなたが望んでいない状況――を表す、「自己表現の仕方」にも注意しよう。

一人の相談者が訪ねてきた。ここではK氏と呼ぼう。彼は妻と別居中で、その状態に不満だったが、離婚する勇気もなく、恋人のほうにすべてをふり向ける勇気もなかった。彼はどちらの選択も「道徳的に正しくない」として、二人の女性の間で身動きできないようになっていた。つまり、「決断ができない」という典型的な状況の中で揺れ動いていた。ヤー（はい）でもナイン（いいえ）でもない、完璧な「ヤイン」である。彼は状況を次のように描写した。

「私の立場は次のように表すことができます――砂漠に横たわっていて、流砂に覆われているような感じです。頭だけがまだどうにか自由がきく部分で、かろうじて窒息死せずに息ができます。しかし、ちょっとでも動けば、流砂に覆われてしまい、死んでしまうでしょう」

K氏は、このイメージこそが自分の立場を最も表していると、主観的に納得していた。これ以外の表現は「適切でない」「真実ではない」と拒んだ。このような現実を作り上げ、このような自己表現を選んだ場合、人生に新しい見通しを立てる作業が実際、不可能になる。根本的に受け身で、「決断をしない」状態のままという可能性しかない。魔術師が現れ、問題を解決するための魔法の薬をくれるだろうと彼は無意識に期待していた。できるだけ努力をしないで代価も払いたくない。はっきり決定を下すより、未決定のまどろみ状態でいたほうがいいのだ。しかしやがて恐れと怠惰が再び勝利を収め、何も変わらない。魔術師は来ない。魔術師とはそんなものだ！　待っていても無駄なのだ。

そして、もっとよい機会を待つ、という漠然とした希望だけを持ち続ける。だがそれでは頼りなさすぎる。もっとも、K氏は認めたくないことであるが、この状況にい続けてもかまわない「隠された利点」があった。二人の女性がいる人生は、彼にとってはメリットがあるのだ。二人のうちから一人を選ぶのはいつでもいいさ。この状況は男のエゴを満足させる。しかし、これは変わろうとする動機を抹殺するものだ。

自分の立場を悪く表現する人は、しっかり受け身の態度を保っており、当人がそのような見方をするかぎり、セラピーなしではその状態を脱する見込みはあまりないだろう。一般に彼のような人は、自分の髪を自ら引っ張り上げながら泥沼にはまっているような状態にいるので、自力では抜け出せないのだ。

私たちの社会でも、表現の仕方への好みというのは常に変化している。新聞の職業欄を見ると、「掃除婦求めます」ではなく、「清掃のエキスパート求めます」とある。実際、「店員」という言い方も事実上絶滅して、今日では「ショッピングアドバイザー」とか、「セールスエグゼクティブ」だ。「聞こえが悪い」という見栄から、周囲に自分の職業を知られたくない人は、「マーケティングマネージャー」と、重要さが明確になるような言い方に突然変異する。トイレットペーパーのセールスマンであっても。ついでだが、今日のドイツではトイレットペーパーとは言わずに「衛生プロダクト」。まったく、からっぽの言葉だらけだ。たとえば、最近私はデパートの靴売り場で、「ライフスタイル靴」と書かれた商品棚を見て、その靴がどんなふうに普通の靴と違うのか店員に聞いたが、彼女は説明できなかった。謎のままである。asoziale（下層階級）という言葉も公式には使えない。sozial benachteiligte（社会的ハンディキャップのある人）と置き換えられた。

紛争のある国同士では「テロリスト」と呼ばれる人間が、一方では「自由の闘士」と呼ばれる。選んだラベルによって、私たちの感情がどう変化し、考え方や行動がどう影響されるかを考えてみよう。

言葉は、イメージとそれに伴う感情が非常に強く喚起された場合、特に大きな力を発揮する。広告業界の人たちもそのことを知っており、人々がもっと買うようにと、できるだけ感情に訴えるようなイメージを常に新しく作り出している。私の記憶にあるのは、アジアのある航空会社の広告である。非常に魅力的なスチュワーデスの写真の横に、「Fly me（いいコトしましょ）」とあるのだ。エロチックな意味合いを含ませてあるのは明らかだった。販促担当の人間は、「セックスは売れる」ことを周知している。この策略はうまくいった。その航空会社の売り上げはかなり上がったのである。

また、ある有名な携帯電話の会社は自分たちのネットワークを「フリーネット」と名づけている。ユーザーは請求書を受け取ってはじめて、ネットワーク使用が「フリー」でないことがわかるのだが。このように、例をあげたらきりがない。そこで私たちは内容のない空虚な言葉、事実を隠蔽《いんぺい》した言葉、無駄に単語を並べたにすぎない言葉や、式辞や訓辞などで聞かれる誇張された感情的言語《パトス》に惑わされないようにしなければならないのである。

この次、新しい人を紹介される状況に出くわしたら、今一度「ラベル貼り」について考えてみよう。どんなラベルにするか、どの引き出しにラベルをしまうか、よく考えよう。また、これまで、どこに不適当なラベルを貼ったか探し出して、よいものと交換しよう。そうすれば、あなたはもっと早く自分の本来の目的に到達するのである。

第4章……幸福の要因——あなたの「思考システム」

一般に私たちは、問題解決や願望達成と、それに伴う幸福とは、外から訪れてくるに違いないと解釈する傾向がある。「＊十万円の月給がもらえさえしたら。部長になれさえしたら。理想の男性(女性)に出会えさえしたら。結婚(離婚)さえしたら。新しい地位(職)につけさえしたら。定年後になりさえしたら」等々。そうなったらようやく幸せになるだろう——と。

私たちは自分の願望について考えるとき、しばしばこのような錯覚を強く執着して抱いている。確かに外部の要因も一つの役割を果たす。しかし、人生で新しい出発をする際や、幸福な人生を送るために大きく方向転換する際、外部からの要因の重要性が過大評価されがちである。

この世界がどう機能しているかについて自分で基本的な解釈をすることのほうが、ずっと重要である。あなたはどんな「現実」を作ってきただろうか。自分が重要だと感じたことに対してどんな焦点を選択しただろうか。このように、人生で与えられた選択肢の中からあなたが選んだものが重要なのである。これらすべてが必然的にパワフルな装置を頭の中にこしらえ、決定的な役割を果たす。それが私たちの「思考システム」である。私たちはこの思考システムを長い年月をかけて作り、再建し、洗練し、進展させていくのである。

子供時代はまだ十分どうにでもなる。ものごとの決定は外部からなされ、両親が評価した価値とアイデアを取り入れるだけである。一〇代の若者は、主に仲間や同年齢の人たちの価値判断で行動を決定する。成人すると、仕事仲間や、仕事環境の影響、親友との交流、異性との体験などが重要になる。そしてじょじょに、じょじょに……、私たちは意識することなく、自らの強固な思考システムを作り上げるようになる。

あなたがこれから、青々とした草原を横切らなければならないとしよう。初めは道を探しながら縦横に歩くだろう。しかし、その草原を何度も歩いて横切るうちに、歩いたところが踏み固められて、小さな道ができる。そうなれば、自分がどう歩んだらよいか「わかった!」と思え、左右を見る必要もなくなる。そのうち、踏み固められてできた小道も本物の道になって、それを踏み外して歩くことはできないように感じるだろう。このことはさしあたり悪いことではない。なぜならそれは、私たちが体験を基に行動する際、世間ではものごとがどのように機能しているかについて、自分の判断のシステムに応じて見当をつけるために役立つからである。

だが、そこで私たちは問題に出くわす。もし、このもともとは柔軟だった思考システムが板のように硬直化すると、その板は役に立つというより、私たちを妨害するようになるのだ。ドイツの諺《ことわざ》に、「顔の前に板を置いている(顔の前に板があるので、何も知ることができない)」というのがあるが、あいにく、これは頻繁に起きていることであり、普通自分ではわからない。なぜなら、私たちは自分のシステム内で生きているため、外から見ることができないからである。自分を変えることは努力を要し、楽しいことではないので、多くの場合、変わりたくないと思う。

「変わるべきは他の人たち。絶対に自分ではない」この見解は広くはびこっている。諸々の問題は内部にあるのではなく、外部に原因があるとして、自分自身の思考習慣とそこから生み出された思考システムに基づいているのではない、と思うのだ。自分の中にある不十分な点や限界に問題があるなんて考えなどまっぴらごめんだ。

思考システムは万能の道具として、私たちが学んだり成長するために役立ち、私たちを守ったり、インスピレーションを与えたりするものだが、ときには固く締めつけるコルセットになって私たちの進歩を阻止する。それが顕著になるのは、私たちが難しい決断を迫られているときや、いつもと違う困難を克服しなければならないときである。それに加えて、次に述べるような厄介な心理メカニズムがある。このメカニズムは多くの心理的苦痛を伴い、個人の幸福を妨げる。では実際、誰が私たちの人生の責任を負うのか。これは興味深い問いである。

1＊「悪いのはあいつだ」

「人間は生まれつき考えるようにはできていない」――ルソー

人生で予期しない困難に直面したときやフラストレーションが生じたときに、すぐに一つの心理パターンにはまりこむ傾向のある人は多いものだ。その基本的な型が、「悪いのはあいつだ！」である。人生で何かうまくいかないことがあると、私たちはすぐに責任を負うべきスケープゴート（身代わりのヤギ）を見つける。

たとえば、大学教授はやる気も才能もない学生たちにさんざん悩まされる。学生のほうでは、象牙の塔に閉じこもっていて現実の人生など何も知らないバカな教授がいなかったら、すばらしい大学生活を送ることができるのにと思う。つまり、自分の不幸は、上司、ライバル、政府、役人、だめな教育、両親、資金不足、悪天候、不景気、外国人、もしくは一般的に言って他者のエゴイズムと悪意のせいなのだ。

ここで、ある精神的なパターンが見えてこないだろうか。人はどんな条件にあっても、概してよい自己評価を保っておきたいと思う。私たちは、自分自身のよいイメージをだいなしにする行動をしてしまったかもしれないという事態に直面することがある。これは日常生活のささいな出来事に見られる。完璧とは言えない私たちは、そそっかしさを披露して冷や汗をかく。たとえばこんなふうに。

❖スープをうっかりこぼす。
❖封筒に切手を貼ろうとして、切手シートを真ん中から破る。
❖とっくの昔に提出するはずだった書類。時間を無駄にすごし、またしても間に合わせられなかった。

❖パートナーと一緒にコンサートに行こうという話は、「仕事が忙しすぎて」五回目のキャンセル。

❖車での通勤中にも失態を演じる。他のドライバーが命がけでブレーキを踏まなければならない事態を引き起こす。ライトを左に点滅して右折したり、駐車する際に前後の車に荒っぽくぶつけたりする……。

このような体裁の悪い失敗や気まずい欠点をカバーしようと、私たちは常に自己防衛し、頻繁に練習を重ねて一つの精神的パターンを「育て上げて」きた。つまり、ネガティブな行動はすべて他者に責任転嫁しさえすればいい。うまくいったポジティブなことはすべて当然ながら、おんみずからの功によるもの……。この賢明な精神上のトリックを使うと、私たちはもう責任をとる必要がなくなる。なぜなら、悪いことが起きてもそれは他者のせいなのだから。

❖この災難は、他の図々しいドライバーが少ししかスペースをとらずに駐車したから（もしくは、めちゃくちゃに駐車したから）起きたんだ。私が何かしたわけではない。

❖またトーストを焦がしてしまった。悪いのはもちろん、このトースターを設計した会社で、朝食というセレモニーとその必要条件が理解できない無能な奴らだ。

❖切手シートが真ん中から破れたのも、間違いなく郵便局のせいである。きちんと切り取れないような切手シートを作るからだ。私たちのような罪のない人間に切手を買い直させようっていう魂胆《こんたん》なんだろう。

この種のリストはどんどん付け加えることが可能だ。私たちは常に周囲の出来事を自分流に評価している。この行動パターンは、個人の生活や経済界、当然、政界でも進行している（「わが国の憲法は書き直さなければならない。第1条は、『悪いのは他者のせい』とするべきだろうな」）。

だが、事実はその逆である。普通、私たちが今いる立場というのは自らがもたらしたものなのだ。他の誰でもない自らが、多くの選択と大小の決断をしてきたのだ。あなたが、自分の特定の職業を選び、自分のパートナーを選んだ。あなたが自ら選んだ特定の町で、特定の地域に住んでいる。どんなスポーツをするかを選び、自ら選んだ特定の食べ物を食べ、特定の会社を選んで働いている。あなたは常に自分のライフスタイルを選んでいるのだ。つまり、どのように時間とお金を使うか、自分のエネルギーを使うか、どんな社会環境を選ぶか、どんな友人や知人を持っているか、チェスやサッカーをするかどうか、外国語のコースをとるかどうか、それともジョギングするほうがいいか、夜、飲み屋に行くかどうか、といったことを。

確かに私たちには、持って生まれてきたか、もしくは偶然による好都合か不都合な条件があり、それがポジティブな選択を容易にしたり困難にしたりしている。しかし、そのことが選択の自由という原則を変えるのではない。当然、外的な条件というものはある。たとえば政治的な枠組み内での条件とか、法的な規則などだ。耐えられないような上司を持つ人もいるだろうし、株ですっからかんになって、自分の意思に反して今は生活保護で生活している人もいるだろう。

しかし、もしあなたが今、どこかの国の強制労働収容所にいるというのでなければ、あなたは自由な人間であり、さまざまな面において選択することができる。自分の人生に影響を与えることのできる人間は自分以外にいない。だからこそ、あなたは受け身で流されるままではなく、自分自身に与えるべき影響と、なすべき選択についての可能性を活かすべきなのだ。

多くの場合、私たちはこの「選択」というものを知らず知らずのうちにしている——と、私がこう言ったところで、どこからか声が聞こえてくる。

「ばかなこと言わないでくれよ！　私のやっているこの辛い仕事をあなたもしてみるといいんだ。選択の自由なんてありえない話だよ」ここでまた、普遍的反論の登場だ。

「それは無理だ。少なくとも私の場合は無理だね」心理療法家として私は、まさしくこの言葉をほとんど毎日のように聞いてきた。

こうした声の主は、自分の問題について頭の中でこうだと完全に決めたことにきわめて制限され、歪んだ観点を持つに至っているのだ。ポジティブな点はもう見えない（そして、見たくもない）。しかし、情緒面と知識面において長年ネガティブ志向で行動し続けると最後には——じょじょにではあるが確実に頭の中はコンクリート化する。

「他の人たちは全員、私の立場よりもいい立場にいる。この私だけがさんざんな状態だ。そりゃもうホントにひどい！（ここで、この人がどんな現実を作り上げているか注意してみよう。）あまりにもひどいので、私の場合は当然、悪いことや最悪の事態を考えなければならないのさ」

なぜここで「なければならない」と強調したのか、おわかりだろう。客観的には、そうすることもできると言えるのであって、そうでなければならない、ではないことにもうお気づきのことと思う。しかし、このような選択の自由は認識されないことが多い。それは意識下に隠れている。そしてこの歪められた視点は、巧みに、もっともらしく表現されるのである。つまり、「言うまでもないじゃないか。人は当然、このようにものごとを見なければならないんだよ」というふうに。いわゆる「現実」というものを他者に信じ込ませたい。自分と同じ視点からものごとを見ようとしない人たちは頭が少々おかしいか、悪意があるかのどちらかだ、ということにしてしまう。このような人は典型的に、自分の人生に欠けているものや不都合なことばかり見ているものだ。

既婚者は自分の完璧でない夫（妻）のことでしょっちゅう文句を言い、理想の相手としての魅惑的なイメージからかけ離れていると言って拒絶する。夫（妻）がバスルームにある歯磨きのふたを絶対にきちんとしめない、と文句を言う。シングルの人は、二人でいることの安心感や、心の通い合いや、二人がしっかりと体を寄せ合ったり触れ合ったりできることにあこがれを抱く。お金があまりない人は稼ぎの少なさと、経済的に限界があることに不平を言って、お金持ちになることを夢見る。お金がたくさんある人たちも不平を言う。税金の高さと、お金を彼らから取り上げようとする税務署との絶え間ない戦い、それに、ニセの友人と、羨望のまなざしを投げかけてくる拝金主義者たち、それから銀行や税理士との、ひっきりなしに続く厄介なアポイントメントについて。実際には、お金持ちは、貧乏な人が思っている半分も幸せではないだろう。

医者は患者について、患者は医者について、病人は自分の病気について、健康な人は健康保険の高さについて不平を言う。仕事を持っている人は、言葉では言い表せないほどのストレスで酷使されていると言い、当然ながら失業中の人も、満足が感じられるようなおもしろい仕事が見つからない、と言う。中高年の世代は自分たちの親から受けた権威主義的な教育のことで文句を言う。彼らの親たちは自らの精神的な欠陥が原因で、多くの無意味な束縛と罰則ばかりの教育をしたというわけだ。若い世代は、両親の反体制的な教育のことで不満を述べる。この場合は、両親が自分たちを放任主義で育てたことが悪いと言うのだ。いつも他者のせい。周囲のせい。人々を裏で不正な悪行へと駆り立てる諸々の影響力のせい。「幸福でない理由」は、そのときどきで「欠けている」要素のせいにされる。

常に重要な条件が欠けているような気がするものだから、私たちは今ここで幸福感を味わうことができない。たとえ、その満たされない条件が突然何らかの方法で満たされても、そのときに自分自身の視点はなぜか突然クルリとひっくり返る。つまり、新たな欠如や新たな危険、あるいは、すぐにでも起こりそうな恐ろしいことが、何もないところから一瞬のうちに降って湧いてきて、またもや私たちが幸せになることを阻止するのだ。そして、同じゲームが再び同じように始まる。私たちの気持ちは人生の同じ地点に戻ることになる。そして私たちは思う。なぜ、人生に喜びがなく、幸せではないのだろうかと。

私たちは自分の運命を他者のせいにして他者を責める。なぜなら、これが最も楽な方法だから。そうすれば、する必要のあることから放免され、疑問の余地なく、ときには辛い決断からも放免されるのだ。それはまた、人生で起きるあらゆるネガティブなことに対する責任は、どんな状況下でもずっと遠くに押しやっておきたいからでもある。責任など絶対とりたくないのだ。そして、責任から遠く逃れておくことこそが人生の重要課題になる。だから私たちの社会では、あらゆる種類のスケープゴート（身代わりのヤギ）探しがポピュラーな国民的スポーツになって、大勢の人の主な暇つぶしとなっている。

しかし……。責任というものには厄介な性質がある。責任は、去るときに、それ自体だけが去るということがなく、大切なお供を道連れにするのだ。しかもそれは、私たちがどうしても持っていたいと思うものだ。つまり、人生をコントロールするためのパワーである。そのパワーまでも突然去ってしまう。それを失うことが私たちの意図でなかったとしても。パワーはもうあなたのもとにはなく、他の人々のもとに移る。今やパワーを手にしたその人々が、全体的か部分的にあなたの人生の方向を操縦する舵を握るのだ。

そうならないために私たちは、自分の考えを集中するべきところに集中していなければならない。つまり、自らものごとを選択することに努力を惜しまないこと。多くの可能性に関して状況を改善すること。自らのパワーで状況をコントロールして、状況をポジティブに変えることである。

他者に責任転嫁して自分のとる責任を否定すれば、ただちにあなたは自らをコントロールするパワーを失う。そのことについて、あなたは後で、「私の人生は他人にコントロールされている。私には自分の人生をコントロールするパワーがない」と不平を言うだろう。自分でしたことや、することを怠ったことが原因になっているのに。そして、あなたは他者をとがめたり、他者のあら捜しをしたり、自分で作った環境の犠牲者になったりして、エ、ネ、ル、ギ、ー、は無駄に使われる。自分の問題を克服するためのエネルギーや、少なくとも解決の糸口を見つけるためのエネルギーが欠けているのである。こうして人生観の全体が狂っていってしまう。あなたはもう自らをコントロールしているのではなく、コントロールされているのだ。

さてここで、ある非常に特別な場所へ行ってみることにしよう。そこは不思議にも非常に人気のあるところだ。悪いことは他者のせいだとする人には最適の場所だろう。ただ、そこを訪れるための切符は旅行社にはないが。

2 ✶「嘆きの谷」

これは実に特別な場所である。「嘆きの谷」は、責任から逃れたい人たちのためにある理想の避難先だ。ここにはいつも多くの訪問者が来るし、常にシーズンであるが、特に天気が悪い時期がハイシーズンだ。たとえこの谷を訪れることが精神衛生上有害であっても、この土地こそが自分の目的地にふさわしいと思った人々が続々と押し寄せる。入場料は無料。たいていの人がその土地を大いに気に入り、ずっと滞在したいと思う。

新入りの訪問者にぜひとも必要とされるものは、眉間にシワをよせた顔だ。なるべく早いうちに、口を「への字」にして自分の嘆きと不満をもったいぶって述べる。そうすれば、機嫌の悪さは外からもすぐにわかるだろう。こうした態度はこの特別な社会では高く評価されている。泣き言や文句を言うこと、犠牲者としての役割を見せつけながら声高にあらゆる種類の苦情を申し立てること、どちらもここでは大歓迎。この谷にすでに長く住んでいる人々は、すぐにあなたと団結する意思を表明するだろう。全体の状況は最悪で、本当に悲惨なものであるという集団意識がある。しかし、「私たちはそれに関してはなす術がない」と遺憾に思っている。なぜなら当然、それは他者のせいであるから。

放火魔には火が生きがいであるように、「嘆きの谷」の住民には泣き言を言うことが生きがいである。あらゆる機会において、永遠に文句を言い続ける苦情家と不満家たちの歌声が鳴り響く。この「正当な」人生観をもう一度互いに確かめあった後は、ちょっとばかり気分がよくなる。同じ考えの仲間が大勢いて、少なくとも一人ぼっちではないからである。仲間がいれば、少しは気分がいい。

会員の生活は「一般犠牲者と不満家愛好会（登録制です）」のメンバーが管理している。新しい参加者の考え方と行動パターンが会の方針と合致していればいつでも受け付けOK。会のマスコットはもちろん、会旗にも描かれているヤギ（スケープゴート＝身代わりのヤギ）だ。それは、この谷のみんなが探している「身代わりの責任者」のシンボルである。

「嘆きの谷」から立ち去る？　犠牲者としての役割を放棄する？　とんでもない。そんなことは危険すぎる。その谷から立ち去るには、思考習慣と生活習慣の両方を全部変えなければならない。窮地を逃れるには努力を必要とする。恐れを克服して、危険をおかさねばならない。それに、矛盾に耐えなくてはならないし、異なる意見と情報を受け入れなければならない。こんなにたくさんのことをしなければならないなんてあんまりだ。そんなことするより、至れりつくせりのケアを受けながら、ここにいたほうが楽チンだよ。

以上の皮肉が度を越していたら、どうかお許し願いたい。ただ事実として言えることは、私たちはみな自分の旅の目的地と好きな環境をそれぞれ選択してきたのであり、意識して、もしくは無意識で絶えずそれらを選択しているということだ。他者があなたのために選んだこともあっただろうが、あなたは受け身で自分の運命に甘んじた。それもよくあるパターンだ。どこへ行きたいか、どれくらい滞在するつもりか、次回もそこに行きたいかどうか、あなたは毎回選んでいるのだ。「嘆きの谷」は昼も夜もオープンしており、そこへ行く人は全員温かい歓迎を受ける。

ただし、この世界にはほかにずっといいところがあるのだが……。

3 ＊決断と断固たる態度はなぜ必要か

状況をポジティブに変えたければ、その時点で自分が置かれている立場に対して全責任を受け入れることが、なくてはならない必要条件である。ドイツ語の「責任(verantwortung)」という言葉は、「答える(antworten)」に由来している。すなわち答えが必要になってくる。受け身と無為はお呼びでなく、先延ばしにして永遠に実行しないという態度、口実も必要でない。他に「スケープゴート」を探すのではなく、現時点の人生で緊急に解決されなければならない問題に答えを探そう。その問題こそがチャレンジであり、あなたの大切な目標に関することなのである。

答えるということは通例、行動するということを意味する。自ら適切に行動しなければ、満足のいく答えは見つからないだろう。答えが見つからなければ、受け身の状態と無意味の中に埋もれてしまう。状況は、考えるだけでは変わらない。あなたが今いる状況は、まぎれもなく自分でもたらしたものであり、他の誰でもないのだから、自分こそが状況を最も効率よく変えることができるのだ。さらによい時期を待とうとするのは三流の戦略で、そのジレンマには出口がない。

もし、あなたが自分の人生で方向転換をしたければ、適切に行動し、決断するという観点を人生の中心に持っていかなければならない。そうすることが恐いかもしれない。それは当然だが、そこで特にしなければならない決断に、あなたにとっての大きな意味があるのだ。いわゆる成功者と大部分の平均的な人との間には異なる点がある。それは、彼らは恐れを抱かないということではない。成功者と幸福な人もときには恐れを抱くが、ご承知のように、彼らは恐いと思っていることを実行するという選択を行う。それが双方の差なのである。

これまで見てきたように、多くの人は困難な状況に置かれると、自分個人の立場が危ういとばかりに反応し、何も変えることができないように思いがちである。しかし、これは不利な判断であり、ほとんどの場合が錯覚である。

私たちの大部分は、本当は何をしなければならないかを知っている。「筋を通して」何かをしようとも思っている。にもかかわらず、首尾一貫して努力することから尻込みする。すなわち、実際にすることをためらうのだ。なぜなら、特に理由もなく単に「恐いから」、しないほうがいい、怠けているほうがいいと思うからである。私たちは、新しいことや未知のことから多くを得ることができたとしても、「現在の安全という錯覚」のほうを好むのだ。

しかし決断しないと、そのたびにパワフルで勇気ある決断をするためのハードルはいくぶんかずつ高くなる。そうなると、個人としての満足を人生から得ることができなくなるだろう。あなたはまたしても、短期的な満足しか得られない「麻薬」のとりこになる。なされるべき決断よりも、さしあたり楽でいることのほうが重要になる。あなたは再び決断を延期する。恐ろしさゆえに逃げ出したが、当面は気が楽だ。つまり、勇気と決断力を持って前方を見ることや、恐れ、抵抗、矛盾があっても断固とした態度で行動することを、またもや怠るのだ。

【自主決定できて責任感の強い幸福な人々を作る魔法の薬。それは、自ら決断する自由や、新たに決断する自由である】

それを得るためのコツや近道はない。大きな幸福は外から来るのではなく、むしろ、難しいと思うこともある大小の決断と、努力をするという選択の結果であり、自ら選んだ結果である。自分で選ばない人や決断を拒む人は、他者が代わりに決断することになるだろう。つまり、周囲の人々、上司、パートナー、姑、自ら選んだ導師《グル》が。

この人たちはあなたのことをあなた以上に知りもしないはずなのに、誰もなかなかそのことに気づかない。他者はこの機会を利用しようとする。要するに、あなたをコントロールして道を示そうとするのだ。このようにして、一つのプロセスがゆっくりと忍び寄り始める。人生の管理を自分でできない人になるというプロセスが。

しかし、心理療法家としての経験から言えば、多くの人がこの受け身の役割を心地よいと感じているのだと私は思う。なぜなら、その人たちは自分の意見を持つ必要がなく、自分の立場について考慮する必要もない。やっぱり、これまで通りでいい。「何も決断しないこと」に決めた。

情報伝達理論の老大家ポール・ワツラヴィックが述べた次の言葉は有名である。「私たちはコミュニケーションをしないということはできない」この言葉を次のように置き換えてみた。

【私たちは「決断をしない」ということはできない】

なぜなら、決断することを拒否することも一つの決断と言えるから。しかし、それはよい決断ではない。なぜなら、あなたは、ちょうど秋の落ち葉が、あるときはこちら、あるときはあちらへと突風に飛ばされるがごとく、計画も目標もないまま外部からコントロールされるだろうから。はじめ快適に見えたものも、自らの人生と尊厳にネガティブな結果を招くことなしに長期間そのままですむことはないだろう。決断しないことで今は快適に感じても、あなたはそのために実に高い代価を払っているのである。

「決断しなければならない」ということに伴う苦い経験を無視すると、短期間は快適に感じるだろうが、苦さは後に苦味が二倍にも三倍にも増して戻ってくる。すなわち、決断しないということは、あなたを受け身とフラストレーションとネガティブ思考の悪循環に絶えず深く引き込んでいくのだ。はじめのうちは難しい決断を避け、後には日常的な決断さえも避けるようになる。この行動を長く続けていくうちに、受け身の思考スタイルとライフスタイルが主となってしまうだろう。「決断しないこと」を決断したのだから、小さな決断さえできなくなる。これが続いている間、あなたの人生の財産はむしばまれていることになる。すなわち、生きる喜び、批判能力、感動、主導権、創造性は小さく縮んでしまい、それは実際の生活のためにも生活をうまくやっていくためにも役に立たなくなるだろう。あなたはもう基本的なことも決断せず、他者があなたのために決断する。いつ、どこで何かをする、しない、ということも含め、人生の時計の時間設定も調整も今は他者にゆだねているのだ。

このライフスタイルに屈した人たちは決定的で基本的な考え違いをする。もし決断する必要性を受け入れたりしても、自分にいいことなんかないと彼らは思うのである。すなわち、可能性を自分から取り上げることになる、何かを失う、自由を削減される、楽しみがなくなる、他者の心を傷つけるから自分は嫌われるだろう、というふうに。つまり、意識して勇気ある決断をすると、人生はストレスばかりになって生きる価値がなくなる、だから決断しないでおこう、と彼らは思うのだ。この奇妙な解釈によれば、決断をすることはいつでも楽しさを促進させるものでなければならないことになる。

しかし、特に魅力的な選択がない場合にも決断が必要だという状況もある。その基本的認識が彼らには欠けている。このような場合、彼らは「理想的な」解決を求めて永遠に探し続けることになる。「いい」解決が全然ない場合もあるだろうが、そのときは小さなほうの災厄で満足しなければならない。もちろん、私たちがそれを認めるのは簡単ではない。そのためには私たちに成熟と勇気が必要であるし、ときには不可抗力に対する認識も必要だ。たとえば、重大な病気にかかったとしよう。

私たちは可能な治療法の二者択一に際し、どちらを選ぶかでジレンマに陥る。手術をするか、しないか。X療法かY療法か（両方とも強い副作用を伴うかもしれない）。職を探している人があまり魅力的でない選択しかできないこともある。故郷には働き口がまったくない。遠方の町に、給料は高くないが働き口がある。職を得るにはその町に引っ越さなければならない。こういった場合、短所が少ないほうを選ぶしかない。

この「決断しない」というふるまいは、いつまでも続く大きなストレスを引き起こす。あなたの思考は、創造的で新しい方向に向かうことができず、なされなかった決断やしなかった選択は、その後も、あなたを悩まし続けるからである。なすべき決断は繰り返し延期され、排除され、拒絶される。「決断されないことの山」はしだいに大きくなり、私たちの人生に大きなスペースを占めるようになる。そうすると、人生への主導権や自信がなくなったり、自分の人格をおとしめたり、退屈で感情の伴わない人間関係を招く結果になる。しなかったことや決断しなかったことが一杯詰まったリュックサックは非常に重い。

考えてみれば、それはクレージーな世界だ……。追い詰められ、制限され、喜びの少ない人生。そこから出た嫌な感情はすべて、これまで描写した状況から生じてくる。私たちはもともとそれを避けたいと思っていたのに。そして、それが原因で私たちは、人生における好機を取り逃がす。決断しないことで避けたかった当のストレスを自ら生み出していく。決断しないことを通して、まさに私たちが決して望まなかったことを得るのだ。そして、意志に反して無意識に犠牲者の役割を演じる結果になる。初めは「決断しないこと」のほうが賢明と思われたのに、犠牲者の役割が後ろのドアからこっそり進入してきた。

これは不愉快だ。私たちはこの不愉快な認識が気に入らないので、それに対して無意識で誤った合理化をする。つまり、決断する代わりに、決断力の弱さを隠す理由を発明する。その理由はいんちきだが、聞こえはいい。たとえば、「決められません」という言い方だ。しかし、本当は次のように言う必要がある。

【「決めることはできるのですが、決めたくありません」】

「人生がどうか、たやすいものでありますように。難しい決断をしなくていい人生がいい」――この人たちの精神のありかたは、これに要約されているかもしれない。今や自分の人生を、事情、上司、姑、景気、目上の人、税務署や、その他のいまいましい権力に丸投げしてしまった。自分の運命の責任は彼らや「事情」にあると思いたい――。これは子供がとるような行動への後退であり、大人の人生においては妥当性がまったくない。

私たちはこのパターンを他の人々にも見ることができるだろう。たいていは自分自身を診断するより簡単である。一般的にこの場合、選択した人間は自分であったことを当人は一番最後に気づく。自分で作った泥沼にどんどん深くはまりこみ、自らの受け身の態度と「他者」への恨みにますますからみ取られてしまう。泥水は口元にまで達し、溺れそうだ。

このプロセスに関して記述した内容で何か一つでも思い当たることがあったら、急ブレーキをかけて、とにかく一度中断することだ。逆進か、舵をゆっくり他の方向に変える必要がある。自らの両手でしっかりと舵を握ろう。あなたが実際にそうするために使うことのできる必要な道具と新しい思考パターンをこれから紹介していこうと思う。

「決断しない」志向と歩調を合わせ、広く見られるもの、それは、「ノー」と言うことへの恐怖であり、これもよくある。しかし**「ノー」と言えない人は、「イエス」とも言えない**のだ。ノーと言う恐怖を克服しない人は周囲にもてあそばれる玩具のボールになる。そして、自分が本当はしたくない他者の要求に応じなければならなくなる。

対立が怖くて他者と公平に決着をつけることを学んでいなかった人の場合、ほとんどのことに対してイエスということが短期間は心地よい解決法になる。たとえば、何も言わずにえんえんと残業に応じる。子供たちが長時間にわたって好き勝手なことをする。パートナーがあなたの嗜好にいつまでも気づかない。レストランのスープが塩の入れすぎでも、文句を言わずに飲む。丁寧に、それでもきっぱりとそのことを告げて下げてもらう代わりに。

決断することに純粋な恐怖があるものだから、「ヤイン（ヤーでもナインでもない）」の霧がかかったファジーなゾーンの中で行動する。とりとめのないやる気のなさに冒されていく。肉でも魚でもない、喜びでも悲しみでもない、暑いのでも寒いのでもない。おもしろさで感動するのでもなく、退屈でもない。つまり、全部が入り混じり、はっきり何とは言えない、ない交《ま》ぜの不満である。

まだある。私たちには、周囲の人間たちが私たちに期待していると思うことをして、好印象を残そうとする傾向がよくある。そのときは本質的なことや、内容には専念せずに、多くの場合、それほど重要でないうわべに専念する。しかし、意図した好印象というのも高い確率で達成されるわけではなく、実際より自分を大きく見せようとする試みは惨憺《さんたん》たる結果に終わるだろう。自らの立場は明確に伝わらず、自分が何を必要とするか明確に表明できていないのだから。

「ノーと言うのは私には大きなストレスだ」と、今あなたは考えているかもしれない。しかし実際はまさにあべこべである。誰もが仰天するほどはっきりと「ノー」と言うこと（あるいは、はっきりと、「イエス」と言うこと）の必要不可欠な決断と恐れを常に先延ばしにするために、私たちは自ら大きなストレスを生むのだ。ストレスは自ら生じるのではなく、私たち自身が作る。ストレスは外部から来るのではなく、内部から来るのである。

ストレスは、どれだけ仕事があるか、どれだけ仕事をしたかということと何の関係もない。やり終えた仕事がストレスを生むのではなく、やり終えていない仕事がストレスを生むのだ。いつも先延ばしにしていると、短期間はリラックスできるだろうが、そのことが、仕事をやり終えてないという心苦しい感情を生み、状況は悪化する。そのとき、悪循環が始まる。要するに、未完成の仕事は増え続けるから、さらに先延ばしになり、遅れ、そして、決断が難しくなる。未完成の仕事の山はさらに大きくなって、山を支え切れず絶体絶命。しかも、水かさは増し続け、首まで届き、せっぱ詰まった状態に陥る。

以上は楽しくない話だろう。しかし、方向転換がなされるためには、このようなことが起きる必要性もあるのだ。苦痛やフラストレーションが最も高いレベルに達したとき。胃潰瘍、高血圧、もしくは心臓麻痺などの症状が身体に出てきたとき。そのときがターニングポイントである。苦痛が、間違ったライフスタイルを指し示すという所期の目的を果たしてくれたのだ。そこで失うものはもう何もないだろう。ついにUターンをするときが来た。遅いことは遅いが、遅すぎることはないかもしれない。しかし、なぜそんなに長いこと待つ必要があるのだろうか。

あなたがそのことに気づいたときに、あなたはきっぱりと「ノー」と言うことができる。不当な要求や他者からの微妙な圧力を拒絶するためには、そうすることが不可欠なのだから。もしくは、満足を得るためには、少なくとも互いにギブアンドテイクをしながら交渉することが必要だ。そのようにしてこそ自分で決断したと言えるのであり、他者に決断されたのではない。こういったこと全部をするのに、そんなにくそまじめである必要はない。大切なのは礼儀正しくあること、ユーモアがあること、言動が自然であることであり、それはノーと言うことのできる能力と助け合いの関係にある。

ここでちょっと周囲を眺めてみよう。きっぱりとした態度で自主決定ができる人間というのは、ユーモアがあり、礼儀正しく、自然な言動をする人たちである。そういう人を友人や同僚にもつのは喜びである。偽善的な礼儀正しさがなく、頑固でも攻撃的でもなく、フレンドリーであると同時に自信がある。自分が何を欲するかを知っている。なぜなら、彼らは自ら決断してきたのだから。そのことがベースとしてあるから、本物の落ち着きが生まれる。そこに礼儀正しさとユーモアがうまく加わり、すばらしいコンビネーションとなって周囲によい影響を及ぼす。このような人々の卓越した魅力は他者に次から次へと伝わる性質がある。このような人々が好かれ、尊敬されるのはもっともだ。彼らは知っているのだ。自分が、自らにふさわしいものを受け取っていることを。

当然、私たちにはみな幸運も不運もある。宝くじに当たった。アメリカの大金持ちの伯父さんから遺産が転がり込んだ。これはすなわち「幸運」だが、それはむしろ稀で、大部分の人たちにとって人生で大きな位置を占めるものではない。一方、辛い体験と不当なことがらも私たちの人生の一部であり、明らかにこちらのほうが重要である。なぜなら、私たちはみな楽しい出来事にはうまく対応することができるからである。私たちの人生では、むしろ予期しなかった災難にどう対応し、フラストレーションという局面にどう応じるかのほうが重要である。

もちろん、辛い体験をあなたはわざわざ選んだわけではない。あなたは身内の人を亡くしたかもしれないし、病気で苦しんでいるかもしれない。監獄や、自分で行くことを選択したのではない不快な場所でこの本を読んでいるかもしれない。そのようなケースでは、現実そのものが問題というよりも、こういった状況にあなたが個人的にどう対応するかが決定的に重要である。いわゆる現実は、あなたの目にちっともよく映らないかもしれない。しかし、あなたがその状況について完全に個人的に、どう評価し決断するかが大切なのだ。何をするか決めるのは、他の誰でもなく、あなたなのである。

完全に同じ状況下に二人の人間がいる場合、彼らが病気、失業、人間関係での危機などのいわゆる個人的な悲劇にそれぞれどう対処するかを知るたびに、私はいつも驚かずにはいられない。二〇〇三年のカリフォルニアでの大火災の例を思い出してみよう。気持ちが落ち込み、あきらめ、「嘆きの谷」に引っ越した人もいた。その人たちは状況の悪い部分、克服できない障害だけを見ているのだ。このような仕打ちを受けるいわれはないと思い、混乱と不当性を自ら拡大する。彼らはその思考を無意識に選んで、養い育てている。あなたがこのような評価を選択すれば、無力感、鬱、受け身的な態度、他者への怒りといった感情は避けがたい。

それに対して、別の見方をする人たちもいる。あらゆる困難にもかかわらず、可能性に目を向け、希望を膨らます。彼らはどのように今の状況から立ち直ろうかと計画を始める。「この大変な状況の下で、どんなことが学べるだろう？　何をすることができるだろう？　誰に応援を頼もう？」この人たちはまた、意識的にしろ、無意識的にしろ、自らの思考を選択したのである。いずれにせよ、彼らはよい選択をしたのだ。

人生を送るうちに、辛い時期はいろいろなかたちでやってくるかもしれない。だが、辛い時期にどう対応するか、その選択ができる可能性がいつもあることをあなたはもう知っただろう。さらに、いらだちやフラストレーションの度合いも自分で選んでいる。しかしこれは奇妙な考えに思えるだろう。一見、私たちの日常的な体験や深い直感的信条とは矛盾しているように見えるからだ。

「怒り」という言葉を見てみよう。たとえば「彼（彼女）には頭にきた」という表現がある。この表現をさらに突っ込んで見てみると、実は次のようなことがわかる。**「私たちが望まなければ、この世の誰も私たちが怒るように強制することはできない」**ということだ。上司、パートナー、姑、扱いにくいクライアントは好き勝手なことをしたり言ったりするだろうが、その人たちに対する怒りは、いつもあなたが自分自身で引き起こし、作るのである。

つまり、怒りとはまったく客観的なものではないし、外部から来るものでもない。この考えが正しいことは、怒りの「度合」というものを見ればわかる。一つの例を想定してみよう。

混雑している街なかの路上で、駐車できる場所を探していると、駐車していた車が一台動き出す気配だ。五分間待って空きができ、いよいよ駐車しようとしたそのとき、そのスペースを強引に横取りして車を停めた人間がいる。そこであなたは肩をすくめて、仕方ないと思うだけかもしれない。また、これと完全に同じ状況下、場所を横取りした人間の突き出た腹をナイフで刺してやりたいとばかりに攻撃的な態度をとる人もいる。この例でおわかりのように、あなたの評価が一変すると同時に、あなたの現実が変わり、気持ちと行動も変わるのだ。

ここで数分、一休みして、次のことを考えてみよう。あなたが最近怒りを感じたのはどんな状況の下で、誰に対してだっただろうか。ここで今、違う評価ができないかやってみよう。あなたの抱いた怒りがもっと生産的な方向に向くような評価の仕方が必ずある。評価を変えたことによって、どのように新しい気持ちが生まれ、新しい行動の見通しが生まれるか感じよう。

【人は怒りを強制されて怒るのではなく、いつも自ら怒りを生み出して怒る】

しかし、だからといって、ネガティブな感情には人生において正当性がないなどと私は言いたいのではない。それどころか、声を大にして「ノー」と言いたい。つまり、適切な場所、適切な時であれば、奇跡も時々起きるのだ。激しい怒りや攻撃性もある程度は人生で意味を持つこともある。また、辛い体験をして深く悲しんでいるときに、気持ちがしばらく落ち込むことはもちろんノーマルであり、そうなってしかるべきだ。

しかし、あなたが苦痛を受け入れることができたら、そのときを人生の残りについての考えをまとめるための「休息」としてとらえよう。そこで、自分の人生には何が本当に大切なのかよく考え、(「この状況下での利点は何だろうか」と考えることによって)新しい見解を見つけたり、作り出したりすることができるだろう。そして、あなたが体験した苦痛をいつか「贈り物」として受け止めることができるだろう。もしくは、歓迎すべき教師として感じることができるだろう。

このような「新しい評価」のおかげで、あなたはしだいにこの状況から抜け出て、再び人生の大きな可能性の方に目を向けられるようになる。そうして、そのような人生の期間を「学びの期間」と見なすことがだんだんできるようになるだろう。いわゆる「いいことが起きているとき」よりもずっと集中して社会的、感情的に学ぶことができ、しかもその学びは、より速く、よりパワフルである。個性の発展も進む。すなわち、苦しみから来る圧力が大きいからこそ、はるかに多くの動機が生まれ、人生においてなされるべき変化が起きるのだ。そういったことを、それまであなたは怠惰と無為という、いつもの繰り返しで後ろに押しやっていたわけだ。

数々の危機を通して、私たちは抱えている問題の大きさを自動的に整理し直す。私たちがあまりにも注目しすぎていた日常的な問題は取るに足らないものとして見えるようになり、影の薄い存在になるだろう。そう、認識のズームレンズのとらえる対象が変わるのだ! 自分の人生の大きな映像が見えてくる。

そこで疑問が生じる。そもそも、なぜ待つ必要があるというのだろう? 重い病気や、失業や、それに似たようなこと、つまり、なぜ悲劇が起きるまで待つのか? なぜ悲劇が起きてからやっと重い腰を上げ、人生を立て直そうと、以前からしたかったことをしようと思うのか？

ちょっと立ち止まって考えてみよう。たとえば、あなたは誰かを亡くすという経験をした。辛い思いをした。病気だった。恋愛がうまくいかなかった。そのようなことが起きたとき、あなたはどの時点で個人の人生の方向転換をして、新しく出発するための勇気を見つけただろうか。決して、その後ずっとたってからではないだろう。いわゆる悲劇というものは私たちの最もすぐれた教師になることができるのだ。あなたの人生でこのような例がなかっただろうか。

ここでよく考えてほしい。あなたは今日の――悲劇的体験以外のことでもいい――どの時点でもいいから、方向転換することができるのだ。また、あなたがいつもしたいと思っていたのに、怠惰や恐れや、その他のいろいろな理由からしなかったこと、それをほんの少しするのに、どこからでも始めることができるのだ。

災難を他者やひどい「状況」のせいにすることは、いつも楽だし誘惑的だ。当然、特定の計画にとっての有利な状況、あるいは不利な状況はある。しかし、もし、この「他者やひどい状況への心理的な依存」から逃れられなくなり、いつでも怒って、「何々するべきだった」「このようにできたのに」「あのとき、ああしておいたら」と振り返ってばかりで、あいまいな決まり文句ばかりをあなたが使っている限り、あなたは時間とエネルギーを浪費しているのだ。有利な状況と不利な状況は、単に来ては去っていくというものではなく、大部分はあなたが作り出したのである。

あなたの夢や計画や目標にとって、必要な状況を作り出そう。計画を立てよう。重い腰を上げて、最初は電話の受話器をとり、アポイントメントをとって、情報を集めよう。一番重要なことは――

そう、始めてみること！

事がいったん動き出したらこっちのものだ。そして困難があっても屈することなく実際に決断した後、ある程度の期間が経過した時点で、あなたは自分が、**有利な状況をまるで魔法のように引き寄せている**ことに気づくかもしれない。たとえば、以前からずっと知り合いになりたいと思っていた人たちと突然知り合うだろう。重要だと思うコンタクトがとれて満たされた気持ちになるだろう。また、自ら作り上げた数々の有利な状況の組み合わせから、あなたは目標に到達するための手段を長期にわたって得られるだろう。

しかし、この全体が逆にならないよう、はっきりと理解しておかねばならない。要するに、単に待つことで好都合な状況を期待することはできないのだ。あるいは、好都合な状況が「自然に」、すなわち、私たちが何もしないでもひとりでに生じるだろうなどと期待することはできないし、好機の到来をただ願うだけでもだめなのだ。

もし、あなたがこのメカニズムを認識して、「嘆きの谷」に立ち向かう用意があれば、自ら決断をして人生に好都合な状況を積極的に作っていくために決定的な一歩を踏み出せたことになる。そして、「私は完全に意識してこちらを選んだ」とあなたが自覚していれば、もちろん、あなたはその選択したことを再度変更、あるいは軌道修正することもできるし、新しく他のものを選ぶこともできる。重要なのは、あなたが「選択の権利」を使うことである。まず自分の位置と目標を明確にして、これからどの道を歩むかを決断すれば、いつもどこかで現れるかもしれない障害も少なくなるだろう。そのときあなたは、「パターン」としての障害を追い払ったことになり、周囲の人間たちがあなたに及ぼそうとする厄介な影響も気にならなくなる。

心理療法家として私がはっきり言いたいのは、新しい選択の成果や、新しい思考と行動の成果はただで手に入るのではないということだ。受け身の態度から脱し、自分の正しい思考と行動を習慣化するために明確な戦略を立てて、自分の道を歩むという決断が必要なのである。

あなたが選択した道からそらせようとする障害も周囲にあるだろう。このような障害の存在を認め、不安な気持ちも受け入れることにしよう。新しい試みを企てた場合、不安な気持ちやストレスがまったくないということはほとんどありえないのだから。一つ一つ行動していくことによって自信の深さと決断を表に出せば出すほど、進んで行くべき自分の道はよりはっきり見えるようになり、あなたを非難する人たちは、より速やかに黙るだろう。彼らはもっと扱いやすい犠牲者を探し求めているのだから。

4 ＊幸福を構成するもの

【悲惨な立場にいることは恥ではない。しかし、そのことに対して何もしないのは恥である】

幸せであり、また人生において成功もしている人々は平均的な人々とは異なった生き方をしているのだろうか。さらに問いを投げかけてみよう。そのような人々は、幸福と成功を運命にもたらすような性質や習慣があったのだろうか。成功する鍵や幸福になる秘訣を説明した極秘事項を持っているのだろうか。傑出した業績や成功を生む夢は、どのような精神的土壌の上に育つのだろうか。人は人生においてどんなふうに真の満足を見つけるのだろうか。

幸福や成功を手に入れた人間とはいつも際立った人たちだが、それはなぜ？　彼らはあらゆる障害にもかかわらず、自分の考えを根気強く守り、エベレスト山ほどあった困難と、起こり得るすべてのことを克服できた。彼らは自分自身の判断で決断し、満足のある人生を送り、喜びと情熱のオーラを放っている。

アルバート・アインシュタイン、ラインホルト・メスナー（登山家）、マハトマ・ガンディー、アルバート・シュバイツァー、J・F・ケネディ。それから、成功した若手実業家、科学者、もしくはマザー・テレサのような人たち。この人たちを際立たせる秘密があるのだろうか。彼らが共通してもっているものは何だろう？　私たちがこれまで見てきたようにそれがお金や物でなければ、最高の教育？　そのような教育も確かに助けにはなるだろう。だが、博士号を持っている学者たちの中には職がなくて、今は専門からかけ離れた仕事でどうにか生計を立てている人もいる。精神的土壌をどう豊かにして、最高の業績を可能にし、その基盤の上に成功した人生、幸せに満ちた人生を育てていくにはどうすればよいのだろうか。ここではそのためのアイデアと提案をいくつか述べたい。

成功した人間、幸せな人間を際立たせているものは、彼らが人生の行路で耕してきた長所や習慣である。そのような特徴は自然にそこにあるというものではなく、ましてや遺伝的に決定されるのでもなく、不断の練習と勤勉さによって習得したのである。

実は、幸せな人間たちの習慣というのは、普通に探しても見つかるものではない。私たちが望んだものを豪華な贈答用のカゴにのせて出すといった巧妙な魔法の「トリック」など存在しないし、びっくりするような近道もない。そこで私たちは他のどこかを探す必要がある。だから、もっと確かな道を行くことにしよう。

5 ＊フラストレーション——私たちはそれを望まない

「平均的な人が、わらの山から針を一本見つけることになったとしよう。その人は一本の針を見つけたら、それ以上探さないだろう。しかし、私なら探し続ける。全部の針を見つけ出すまで」

——アルバート・アインシュタイン

成功や幸福を保証する性質の特徴とは何か、もし優秀な思想家か科学者が発見してくれたとしたらすばらしいだろう。残念ながら、それはそんなに簡単ではない。個々の人間が本当は何を成功や幸福と思うかを、一概に言うことはできないからだ。菜園での土いじりに幸福を見つける人がいる一方で、切手収集に勝るものはなしという人もいれば、ベートーヴェンの交響曲の鑑賞が一番という人もいるだろう。

しかし、私たちが、ときには完成までに何年もかかるかもしれないような大きな企てに取り組むならば、成功や幸福を手に入れた人たちにあるすぐれた特徴が実際に見えてくるだろう。それは普通、かなり過小評価されているのであるが。この特徴が成功や幸福にとって大きな効果がある理由は、それがまるで能率的で信頼のおけるディーゼルエンジンのように長期にわたり機能し、不平を言うわけでも嘆くわけでもなく、明けても暮れても地味に働き続けるからである。

考えてみてほしい。新しい家を建てる、職業訓練を始める、大学で勉強する、外国語を学ぶ、楽器の演奏を習う、五千メートルの山に登る。これらの企ては三日やそこらで達成できることではない。あなたには多くの資質が望まれるが、その中で最も重要な点にスポットを当ててみよう。そう、あなたが推測した通り、それは**〝フラストレーション許容度〟**である。すなわち、幸福になる前に、「不幸にならない方法」を知るとよいのだ。

フラストレーション許容度については、あいにくだが、そのへんの週刊誌を開けても魅力ある記事はないし、大げさなサクセスストーリーもない。次のある有名な政治家の例を見て、この人は長年の間、成功するということをどんなふうに評価したのか、あなた自身で判断してみよう。

二一歳——最初の倒産
二二歳——地方選挙で落選
二四歳——再び倒産

二六歳――恋人が他界
二七歳――神経症を患う
三四歳――国会議員の選挙で落選
三六歳――国会議員の選挙で再び落選
四五歳――上院議員の選挙で落選
四七歳――副大統領の選挙で落選
四九歳――上院議員の選挙で再び落選
五二歳――アメリカ合衆国大統領選挙に当選

この人がエイブラハム・リンカーンである。

彼は失敗したのだろうか、成功したのだろうか。この疑問の答えを出すには、現実に関する私たちの解釈と評価が大切になってくる。どんな事実と環境に私たちは注目するだろうか。あなたにとって主観的に見て重要なものは何だろうか。また、何を無視するだろうか。

エイブラハム・リンカーンは自分の道を歩んだ。絶え間ない「フラストレーション体験」に狼狽《ろうばい》することなく、敗北するごとに逆にやる気を起こしたのだ。もちろん、このような極端なフラストレーション許容度の例は稀である。しかし、この例から、私たちは何が可能かを知ることができるだろう。つまり、自分自身を心から信じること。そして、勇気と人生の喜びが日常のフラストレーションによって流されないようにすることである。他者からの「ノー」という返事を受け入れないでおこう。敗北の直後に、必ず次のチャレンジ、次のチャンス、次の可能性があるのだから。

他にも際立ったフラストレーション許容度を持った有名な人たちがいる。ドイツの前外務大臣のヨシュカ・フィッシャーは、写真の勉強と書籍を扱う職業訓練を始めたが、修了しなかった。なぜなら政治的な活動をしたいと思ったから。また、「マイクロソフト」の創始者であるビル・ゲイツは法学部を中途退学した。コンピュータのプログラミングのほうに時間がほしかったのだ。フランスの作家アルベール・カミュは、結核にかかり、哲学の勉強を断念しなければならなかった。

この三人は、フラストレーションと落ち込みを通過して、ついに人生を逆転させて最終的に成功を収め、最後には意味と満足のある人生を送ることができた。その副次的効果として有名になったのだ。残念なことに、私たちの耳にはいつも有名な人たちの例しか伝わってこないのだが、有名な人たちも有名になる前は、「平均的な人」だったのである。今あなたは、多くのことを楽観視できない状況にいるかもしれないが、この人たちもかつては同じ状況にいたのだ。

好機が訪れる確率が増えるよう、新しいチャレンジに対する自信と断固とした精神を持てるようになろう。そして、スケープゴート（身代わりのヤギ）探しをせず、自らの能力と才能に集中してみよう。

心の持ち方のトレーニングをすることによって、しまいにはフラストレーション体験を本当に好きになることさえできる。なぜなら、新しいチャレンジに取り組んだり、新しい学びの体験をしたり、障害を克服したりするときに、自分に何ができるかを見てみるチャンス到来というわけなのだから。このように、敗北や失敗はいわば、将来の成功や幸せの基盤である。後になってみると、敗北はちっとも敗北などではなく、むしろ人生のチャレンジを促し、その見返りをもたらしてくれるジャンプ台ということになるのだ。

フラストレーション体験がなくても、このようなことすべては原則的には可能であるが、長期にわたる強固な自制力が要求され、それはごくわずかな人しか持ち合わせていない。いわゆる「楽なとき」、必要もないのに人が自分の能力を出しきって特別に努力するなどという確率は、実際のところゼロだろう（あいにくだが）。

私たちはみな常に、矛盾した状態の中に生きている。安楽で快適な時間をすごしたい。自由な時間たっぷりの楽しい日々。椰子《やし》の木の下で寝そべる休暇。親しい友人との交流。それからお金も一杯ほしい。しかし、私たちの個性とまだある潜在能力の発展に関して考えると、いわゆる「楽な」時期をすごしている間は、重要な前進はほとんどないという確率が高いということもあるだろう。

これは「幸せ」をめぐる一つの矛盾である。だが、私たちはこの既知の事実をどこかに押しやっておきたいと願う。私たちはしばしば、心に刻まれるような深い意味のある学びの経験をするが、それはネガティブな体験や困難な体験が強制されたときであり、しかもそれは新しく開けたすばらしい道を人に歩ませるためのものなのである。嫌だと思っているフラストレーション体験の多くには、深い意味があるのだ。

【フラストレーションは、将来に向かって成長するための種子である】

英語を初めて習ったころのことを覚えているだろうか。不規則動詞や、聞いたことのない発音、それから文法、構文にてこずって、終わりのないフラストレーションを感じたのでは？　学ぶのをやめようという気持ちに惑わされたにもかかわらず、今日英語がまずまずでも話せるとしたら、学びのプロセスの期間に生じたフラストレーションをあなたは克服したことになる。何冊もの単語帳に一杯書き込み、英語の変な単語を何度も呪っただろう。つまり、フラストレーションは常時あなたに付き添っていた。少なくとも初めのころは。しかしそれは同時に、将来の成長のために作った基盤でもあった。

英語を習得できた人と習得できなかった人との違いは、習得できた人のほうが頭脳明晰で、創造力があり、記憶力がよいというわけではない。確かに才能も一役買うだろう。しかし、人生でより成功する人、夢を現実化する人とは、単に持ち合わせている特別の才能を使った人なのだろうか。それとも才能はあまりなくても、自分の知識を一段と完全にするために実際はおもしろいと思わなくても着実に練習する人のほうだろうか。すなわち、フラストレーション時の気持ちをどう克服するかで、重要な違いが生じるのだ。

フラストレーション許容度のなさというのはどこから生じるのだろう？　なぜ、こんなに多くの人がすぐに断念するのだろう？

いくつかの理由があげられる。一つの根本的な理由として、現代の教育に問題があるからだと私は思う。「無力感」という特徴を持つ親の世代が増加している。自分自身に精神的な問題があるせいで自信がない。

無力感は、親が自分の恐れから自分の子供を甘やかすという態度として表れる。恐れがあると、どのような間違いもしないようにと、消極的な「無教育」、放任主義という形式をこのような親は好むのだ。すると、子供が大人になる過程で、親は子供にまったく助けを提供できないか、あってもほんのわずかしかできない。子供たちがフラストレーションと失望に遭《あ》わないようにと親は望む。その背後には、権威主義者だと子供から呼ばれたらとんでもないという自分自身の恐れがある。大人と子供が友達としてつきあえることを願い、子供に自分の友人であってほしいと思っている。しかしこれは子供には負担が大きすぎる。なぜなら、それには精神的に成熟していることが必要条件であるのに、子供たちはまだその条件を満たしていないからである。

よかれと思って甘やかすと、すぐに反対の結果になる。つまり、こうした子供たちは自分でフラストレーションや困難を克服する必要がなかった。両親は子供たちからそういったものを遠ざけていたから、子供たちが後の人生でいわゆる現実と初めて向き合ったとき、大荒れの展開となる。過度に甘やかされた子供の中には、やる気のなさ、無気力、不信感、反応の鈍さがミックスした感情が育っていく。このような子供は本当の喜びを感じたり、自分のやりたいことを自分で見つける能力も失っている。反対に彼らは何につけても自分からは何も対処せず、文句ばかりというわがままな態度を身につけていき、早い時期からフラストレーションだらけの不幸な子供になってしまう。

親たちは子供の教育に失敗して、その罪悪感を子供に金銭を与えることでカバーしようとしたりする。毎月の小遣いがしばらくの間、ものをいうかもしれない。しかし、これこそが間違った方法である。なぜなら、その方法だと、間違った教育手段が固定化して際限なく続くからである。

「したいことがあるわけでもなく、したくないことだらけ」、周りへの文句ばかりという現象が生じるのは、もちろん、したくないことを考えるほうがずっと簡単で楽だからである。まず、このように思っている若者は、不平ばかり言う人たちや、いつも反対ばかりする人たちや、悲観的な人たちの輪に入りやすい。そんな人たちはどこにでもいるから、すぐ見つかる。

次に、彼らは行動を起こす必要もない。何も望まなければ、何かを得ようとする必要もないのだから。何かをしよう、問題を克服しようといった選択をすれば、多くの場合、安楽な状態でいられなくなるものだ。

成人した若者は、内面の空虚感とフラストレーションに耐えるだけの力不足を、物質的なモノの獲得に走ることによって補おうとしたりするだろう。彼らは、フラストレーションと矛盾を建設的に処理してチャレンジにすることを一度も学んでこなかったからである。この状況下で、彼らはいわゆる「容易な」解決を求めがちである。たとえば、覚醒剤に走ったり、アルバイトのために職業訓練を途中放棄したりする。まさにこのようにして、実際は避けることもできたのに、不満と失望だらけのライフスタイルが生じる。

有名な「壁」のことは、どのマラソンランナーも知っているだろう。普通、フィニッシュ前の一〇キロ地点で身体全体が叫ぶのだ。「あきらめろよ」と。もしランナーが日常からトレーニングをしていて、その困難な状況を克服できたら、最後の一〇キロもたやすく走ることができ、ゴールに達するだろう。そして、「壁」は、マラソンにだけ存在するのではなく、人生にも存在する。多くの場合は、ゴールに到達するちょっと前に現れる。だが、もしあなたがそのことを知っていれば、大部分は最後のハードルを克服することができる。私たちにとって嬉しい情報がある。それは、誰でもマラソンを走ることができるということである。**何なら、途中で歩いてもいいのだ。幸福はスピードとは無関係なのだから。**

ここでちょっとあなたをインドへの旅にお連れしよう。

ある辺鄙《へんぴ》な村で、私は石切りの仕事をしている男たちに出会った。彼らは建築材料の石を砕いていた。私は一人の男に注目した。彼は巨大な石に取り組んでいた。とはいっても別に彼がヘラクレスのようだったというわけではなく、きゃしゃな体つきをしていた。彼はごく普通のハンマーを握って、その巨大な石を叩き続けていた。「冗談じゃないよ」と私は思った。「この石には機械か、大きくて強力な電気ドリルが必要だ。あんな貧弱なハンマーなんかでは無理だ」

私は男が哲学的ともいえる冷静さで石を叩いているようすをしばらく眺めた。一〇回、百回、二百回。私はいらいらして聞いた。「ちょっとすみませんが。それを砕くのにどれくらいかかりますか。一週間？　二週間？　四週間？」それから、横柄な口調で付け加えた。「電気ドリルを使わせてもらったらどうですか」

「ミスター」彼は微笑を浮かべて言った。「どうして電気ドリルがいりますか。私には手があるし、ハンマーがある。日没前まで待っていてください。それまでにはこの石の仕事は片付くから」そして、自分の仕事を続けた。リズミカルに響き続けるハンマーの音。その時点では、石には引っかき傷さえなかった。ハンマーで叩いても、石はびくともしないように見えた。私はその辺を見て回ることにした。

三時間後に戻って来て、私は自分の目を疑った。実は、その大きな石の塊に、やっと目に見えるくらいのかすかな亀裂ができていたのだ。一時間後、亀裂は大きくなった。その二時間後、この巨石は音を立てて割れた。男は再び微笑み、後ろに置いてあった水の瓶をつかんで飲んだ。それから、二分された石を同じように叩き始めた。私は自分が懐疑的であったこと、忍耐のなさ、知ったかぶりの態度がちょっと恥ずかしかった。「すごい」私は独り言を言った。「この男はフラストレーションを克服することはどういうことなのかを知っている」

フラストレーションを克服する方法をあなたが知りたいと思ったからといって、巨大な石は必要でない。はじめは小さな問題から練習しよう。練習するための機会は無数にある。たとえば、あなたが駐車しようと思っていたスペースが目の前で横取りされたとき。あるいは、しっかり注意していたつもりだったのに自分で作ったピザをまた焦がしてしまったとき。接着剤のふたをすぐに閉めなかったせいで、またもや中身がカチカチになったとき。

このような簡単なケースでは、あなたは自分が注目すべき焦点を変えればいい。つまり、フラストレーションに集中するのではなく、するべきことに集中する。なぜなら、人生において、ある対象に焦点を当てるとそれが拡大されることをあなたは知っているからだ。すなわち、フラストレーションに焦点を当てる代わりに、状況をよくするにはどうしたらよいか、感情的エネルギーばかりを使うことなく、なるべく迅速に、適切に考える。

さらに、貴重な学びの経験として全体をポジティブに眺めてみる。あなたは貴重なフィードバックを得たのだから、それを使って次回からは違ったふうに、しかも、もっとよい方法で処理できるようになるだろう。あなたはフラストレーション的な考えにふける必要などないのだ。次のピザはずっとうまくできるだろう。なぜなら、あなたは何が重要か、とりわけ注意しなければならないことは何かすでに知っているのだから。ピザを焦がさずしてそれを知ることはなかっただろう。もう接着剤のチューブにも悩まされない。あなたはこれからいつもふたをきちんと閉めるはずだから。

あなたがこの種の思考戦略に慣れたとしても、人生でフラストレーションを感じる状況の頻度が少なくなるというものではないだろう。しかし、それとうまくやっていく能力は飛躍的に進歩する。そして、そのことが肝心なのだ。そのうちフラストレーション体験を好きになるということさえある。フラストレーション体験はあなたに個人の成長を促し、常にあなたの才能を伸ばす鍛錬をさせてくれるからである。

最終的な結果として、あなたの人生はフラストレーションがあったほうが、ない場合よりもはるかによい結果を招く。これを医学にたとえて言えば、あなたはフラストレーションに対して予防接種をしたようなものだ。微量のフラストレーションは大きなフラストレーションに対して免疫力を発揮する。もしこの見解を自分のものにして、このようにフラストレーションに取り組むならば、フラストレーションはあなたの前でパワーを失い、逆に新しい行動や夢の達成をもたらす飛躍のための踏み台となる。

以上のことは、時として、「言うは易く行うは難し」であるが、世界の歴史から見ると、多くの例がこの命題の正しいことを証明している。たとえば、アルベルト・シュバイツァーのことを考えてみよう。彼は金銭もアフリカの土地に関する状況の知識もなく、桁《けた》外れの困難と莫大な個人的リスクの危険を伴って、原始林の中に、世界中に有名になった病院を建てたのである。もしかしたら、この例はあまりにもすばらしすぎて、あなたはこう考えているかもしれない。「この有名な人にはできたが、私にはとても」と。しかし、そこまでしなくとも、誰にでも可能なのだ。私自身の人生で起きた次の話がその一例である。

日本への留学中、何か運動を始めようと思った私は合気道を習うことにした。そして、東京の中心部にある合気道のワールドセンター「本部道場」で、初心者コースに参加した。私がまず驚いたことは、何人もの有名なマスターたちが、ぎこちない私たち初心者を指導するのを厭《いと》わないという事実である。「マスターたちには退屈極まりないだろうな」道場で汗だくになって、ひっくりかえったり転んだりする練習をしながら私は内心そう思った。しかし、やがて私のほうが退屈だと感じるようになった。いつも何度も同じ練習ばかり。まもなく私は反抗したい気になった。「上達」はほとんどなく、欧米流の考え方をしていた私はとにかく不満に感じた。とりわけ、「新しいことは何も学んでいない」と思った。

数週間後、コースをとっていた人は三分の一に減り、半年後、仲間は四人になった。欧米人二人、日本人二人。私はやめたい気持ちで一杯だった。そんなある日のこと、自分の能力と技術が格段に上達していることに突然気づいた。そのときまで自分ではわからなかったのだ。まもなくしてマスターは私を呼んで言った。「二、三週間後には次のクラスに行けますよ」私は大喜びした。そして、すっかりなじみになっていた練習を嬉々として行った。それは倒れる練習で基本的な技だったが、突然退屈でなくなった。今や完全に違う印象があった。一つの対象への私の評価が変化したのだ。

異なった判断と、内面の独り言が変わった結果、全体的な感情と行動も変わった。ようやく私は違いに気づいた。初心者の思い上がりで、以前の私は自分の技がいかに未熟で不器用か認めたくなかった。しかし、もし有名なマスターたちもまた長年たってもまだ倒れる運動をしているというのであれば、私に同じことを要求することは正当だと思ったのだ。マスターになりたかった私は、努力しないですむ楽で簡単な戦略を考えていた。だが、本物のマスターになるにはそのような方法ではだめなのだ。

ここに述べた例は、あなた自身にも応用することができる。あなたにある多くの能力について考えてみよう。マスターになりたかったら練習を続けなければならない。スポーツでの技能や、職業的な技能、社会生活におけるさまざまな能力、また、外国語の知識についてもまったく同じことが言える。その際重要なことは、このような状況における学習曲線を自覚することだ。要するに、このカーブはまっすぐ右上に伸びていく線ではなく、不規則な線を描くのである。あらゆる努力をしているのに上達していないという感じがする時があるだろう。

これがいわゆる高原現象（プラトー、学習の一時的な停滞期現象）である。より高く昇るためには、この平坦なところを進み続けなければならない。一見、行き止まりに見える。それ以上の上達は目に見えないし、「断念」という魅惑的な考えがあなたの意識に入ってくる。ここでフラストレーションに耐えなければならない。ちょうどこの時点で意見がはっきりと分かれる。より高く昇ろうとする直前に挫折する人が多い。そういう人はフラストレーションを生産的に扱う方法を学んでこなかったのである。

しかしあなたがこの高原《プラトー》を通り抜けたとき、道は必ず再び上り坂になる。長期作戦としての一休みは、残念ながら特に役立つものではない。なぜなら、何もせずにリラックスするだけであったら、その時点で得ていたレベルを保つことができず、下方へと滑り落ちたり、水底に沈んで行ったりするのである。Use it, or lose it. 使わなければ失う。この基本の法則は普遍的なものである。たとえば、スピーチの練習にそのことが当てはまる。また、ピアノの演奏や、共に住みよい環境を作ろうとする努力などにも当てはまるだろう。

私たちはみな熟練した技術で何時間も困難な手術を行う外科医に感心する。もし切開が深すぎたり、大きすぎたりすれば患者の命に関わることになるかもしれない。外科医はどのようにしてこの称賛に値する能力を得たのだろうか。そこまで達するのにどれほどの歳月がかかったのだろうか。外国語を完璧に話せる人や、高さ二〇メートルの綱渡りを優雅にやってのける人についても、同じ問いが頭に浮かんでくる。この人たちにはみな共通点がある。彼らの本当の業績は背後にある。それは何年にもわたってずっと重ねてきた練習だ。この人たちには、学びのプロセスそれ自体の計り知れない価値がよくわかっているのだ。他の人たちには、その絶えず繰り返される練習が退屈に見えるとしても。

こんな有名なジョークがある。ある青年が年輩の通行人に尋ねる。「すみませんが、劇場への道を教えてください」年輩の通行人が答える。「君。練習、練習、練習だよ」

6 ＊予防のアプローチ——子供が井戸に落ちる前に救おう（転ばぬ先の杖）

あなたのフラストレーション許容度が高くて、すばらしく役に立つとしよう。しかし、その効果が現れる前に問題がすでに起きていたら、明確な問題解決が必要となる。これは普通に見られるケースだ。このような解決のアプローチは、「スマートなやり方ではない」と言えるだろう。つまり、解決法を早めに見つけて最小限にくいとめるために問題を前もって認識できなかったからである。最も洗練された問題解決法とは常に、本当の問題になる前に問題を解決することである。

【今は大きな問題も、かつては小さかった】

問題が起きる前に先手を打つこと（予防）は、あらゆる問題解決の母である。理論的には納得がいっても残念ながら、さらに予防となると、もはや誰も興味を抱かなくなる。もし私たちが予防を実行に移そうとすると、予防もまた努力と奮闘と、それにどうやらお金も必要だということがわかって、熱意は目に見えて冷めてしまう。

私たちの医療制度がその典型的な例である。計画的に病気を予防すれば実際に効果があり、安上がりだし、関係者全員にとって喜ばしい。専門家たちはその点に関してみな同意している。なぜならば、予防をしっかりすれば病気にまったくかからないか、病気になるとしてもずっと後になってからか、もしくは軽くてすむだろう。そうなれば巨額の税金が節約されるのである。しかし、予防のアプローチに対する熱意は、具体的な予防をという話になれば速やかに減少する。予防のためのお金を払うのは誰？　病気予防のシステムには、多額のお金がかかる。このお金は、患者率が減少することになってようやく長期の間にカバーされる。だが、ここで再び、短期の修復と長期的な解決の間に生じる矛盾が問題になる。もちろん私たちはみな長期の成功や幸せを望んでいる。しかし、できればそのための必要不可欠である早期の努力と制限は避けたいと思っている。

実は私たちの多くは、より新しいことや、よりすぐれたことを求めていても、その「代価」は払いたくないと思っているものだ。たとえば、健康に対して無頓着な人たちがいる。玄関先まで食糧難が迫っているかのように暴飲暴食する。「スポーツをする」という意味は、テレビとソファーと冷蔵庫の間をだらだらと歩くことらしい。一方、健康に注意して病気を予防しようと思う人たちは、運動して、喫煙や飲酒を避け、食事に気をつける。それは健康保険のシステムを助け、膨大なお金を節約していることになるのだが、残念ながら今の制度下では、健康に注意する人たちも、そうでない人たちも同じように健康保険料を支払っている。今述べた予防の原則は健康面だけに限らない。他にも、刑事罰の制度、教育制度などの多くの社会的な面や、特に、一人ひとりの個人の人生にも当てはまる。

パートナーとの関係における問題を解決するにも予防が非常に効果がある。絶対に、関係が悪化して壊れるまで待ったりしないことだ。だが、猛烈に怒った相手から飛んで来る皿やコップを避けるために、いつも首をすくませて気をつけていなければならないあなたは、すでに首がガチガチに凝っているかもしれない。ドアはいつも「バーン！」と大きな音を立てて閉められ、別れは避けられないように見える。そこまで悪化する以前の初期の段階で問題を解決したほうがいいとあなたは思うだろう。問題がまだ発生したばかりの状態だったら、腹立たしいことやいらだちもまだ小さく、適当な措置で解決できるはずだ。まだネガティブなエネルギーとフラストレーションの山はできていないのだから。

パートナーとの関係で好ましいと思ったことや、これまでよりも頻繁にしたいことや、改善できるかもしれないことを見つけようと、共に気持ちを通わせて話し合ったときもあったのではないか。そのようなことを話す機会を作るにはどうしたらいいだろうか。パートナーに敬意と愛情をこめて言いたいことはもう本当にないのだろうか。ここでもう一度、ちょっと立ち止まって考えてみたらどうだろう？　そのような「予防的な」話し合いは確実に効果がある。ずっと後になってから結婚カウンセリングやパートナー・セラピーに行くのは、問題が起きてからようやく重い腰を上げるようなものだ。最悪のケースでは、セラピストか離婚問題を扱う弁護士に多額のお金を支払うはめになるだろう。初期のうちであったら自分で問題を解決できたかもしれないのに。

7 ✶ 他者への心づかいが、あなた自身をも幸せにする

ドイツ語のverdienen（稼ぐ）という単語は、dienen（仕える、サービスをする）に由来している。サービス精神を持つことは難しい。あなたが雇用人であろうと、自営業者であろうと、どんな職業的な環境にあっても、お客やクライアントなどのサービスすべき対象に仕える可能性は限りなくある。そこで、仕事をする喜びが重要になってくる。そして、より適切な行動と、買い物客やクライアントに対するサービス精神から出た行動を通じて、その喜びを驚くほど大きくすることができる。多くの場合、双方が満足する状況を作ること、つまり関係者全員が利益を得るといった状況は十分に可能である。

私たちはみな一人二役だ、ということをはっきり理解しておかねばならない。私たちは利用客であると同様に、サービスを提供する側でもあるのだ。そして、このように、相手に対して敬意を表すことに焦点を合わせてひときわ努力をすれば、私たちが常に行っている交流からもっと多くの喜びが生まれ、適切に判断する能力と成功と喜びという組み合わせの、うれしい循環が始まる。

世界を頻繁に旅行している人であれば、他の国々ではサービス精神がドイツよりもずっと行き届いていることを知っているだろう。「service」はドイツの言葉ではなく、まだ「列に並んで待っている状態」だ。次に述べる状況は、あなたにも身に覚えがあるかもしれない。

何かを買うつもりで、気分よく店に入る。周囲を見まわす。五分後に店員が来る。不機嫌で不親切、機嫌の悪さがはっきり表に出ている。口元に笑みが浮かんでいたらどうにかなったかもしれないが、そんなもの、「ご冗談でしょ」とばかりに、まったくない。あなたの質問に答える態度は不親切で冷たく、売る気があるとは思えない。ボディランゲージが言っている。「何がほしいのよ。じゃましないでほしいわ」と。五分後、買い物の楽しみを失ったあなたは店を出る。不満、失望のもやもやとした感情は尾を引く。ドイツではこの種のふるまいは日常的に見られ、私たちはもう慣れっこになっている。楽しくてポジティブなはずのショッピングがストレスになる。

日本人である私の妻は言う。「日本でのショッピングは楽しいが、ドイツでは闘いだ」と。ドイツの産業やサービス面での売り上げ上のロスは何十億ユーロもあるだろう。それは、専門知識と、買い物客に対する敬意と、親切な応対という魔法のように効果のある組み合わせをサービスする側がどう作り上げるのかを知らないからである。こうしてお金は別の場所で使われる。サービスに関して言えば、ドイツは砂漠も同然だと見なされている。私は、この国のサービス精神のなさと対応の悪さにショックを受けることがよくある。

ここで話をサンフランシスコに移そう。私はそこであるタクシー運転手に出会った。何年たっても彼のことは忘れられない。長いフライトの後で、疲れ果てていた私は空港でタクシーに乗り込んだ。私の望みは一つ。ホテルまでの道中や運転手はどうでもいいから、ともかくホテルに早く到着して休むことだった。

タクシーが走り出すなり、運転手がにこやかに言った。「何か御用はありませんか。何でもおっしゃってください」私がホテルの名前を口の中でつぶやくと、車はホテルに向かった。運転手は私の疲れに気づいたらしく、「飲み物はいかがですか」と尋ねた。一風変わった申し出だと思ったが、それで終わりではなかった。「オレンジジュース、ミネラルウォーター、コーラがありますけど」実際のところ私は喉が渇いていた。彼は小さな冷蔵庫から冷えたオレンジジュースの缶を出して手渡した。私が財布を取り出すと、「ご心配なく。これは無料です。喉が渇いていらっしゃるようだったから」と言い、私の音楽の好みを尋ねた。「クラシック、ポピュラー、ジャズがありますよ。もちろん音楽なしでもいいですが」と微笑んだ。私がクラシック音楽を選ぶと、彼はCDをプレイヤーに入れ、ベートーヴェンが鳴り響いた。「歓迎にオレンジジュースとベートーヴェンという組み合わせか。悪くないな」もうそれほど疲れを感じなかった。

私の気分はたちまちよくなった。なぜなら、運転手の熱意とフレンドリーな態度は私にも伝染して、私もフレンドリーでいい気分になる以外なかったから。私は興味を覚えて運転手に聞いた。「あなたの親切さは桁外《けた》れに見えるのだけど、なぜこのようなことをするのですか」彼は自分の哲学を説明し始めた。「そうですね」彼は相変わらず朗らかに言った。「私は毎日大勢のお客さんと接します。この仕事を始めてもう長いんです。だからお客さんが何を望んでいるかわかります。そこでお客さんに応じてサービスをするんです。お客さんは早く安全に目的地に連れて行ってほしいと思っていますね。だけど、どのタクシーからでもそれはしてもらえるでしょう？　だから私は特別創造的でないとなりません。そこで、より多くのサービス、もっとよいサービスを提供するアイデアが浮かびました。音楽や飲み物代など私の財布に影響しませんよ。それに、私はこういうことをするのが好きなんです」

「でもお金がまったくかからないわけではないでしょう？」と私は言った。「ああ、そんなこと問題じゃないです」彼はすぐに答えた。「私は与えるより多くを受け取っていますよ。私の売り上げは他のタクシーよりもずっとあります。何年も私を指名してくれているリピート客も他のタクシーより多いんです。それからチップも大部分のタクシーより多いですよ。その上、仕事が楽しいとくる。朝からわくわくして仕事を始めるんですよ。時々妻が、家でもうちょっと時間を過ごすようにと引きとめるくらいです」

「すごい」と私は思った。「本当にすごい」

私たちはみなこの男性から学ぶことができる。ご想像通り、私もまたこの運転手にチップをはずんだ。私は単に満足した客以上の客だった。私はサンフランシスコで後にもこの運転手に三回運転してもらったが、毎回ポジティブなエネルギーと喜びが伝わってきて感銘を受けた。

以上のような例はまだまだあるだろう。あなたもこのように並外れた例を体験したことがあるに違いない。質の高い人生とは何か、ひとかけらの幸せを他者に与えるということは何か、この例から何が学べるだろうか。私たちはみな報酬を得たいと思っているが、それに伴うサービスを与えることについてはどうだろうか。そんな面倒はごめんだと思うことがままあるだろう。

これは私たち全員に次のことを問いかけている。もし私が他者を敬遠し、冷たく疑い深い態度で扱うとしたら、自分の職業や仕事からどれだけの幸せと満足を受け取ることが期待できるだろうか。何かをしていることはしているが、最高に見積もっても半分しか身を入れておらず、内面でははっきりと嫌悪しているという人たち。彼らは、絶対に欲しくなかったものを得るはめになる。仕事が終わった後の充足感どころか、空虚感が残り、気持ちはとうに燃え尽きている。ネガティブなエネルギーは──彼らが自ら生み出したものであるが──二倍三倍になって彼らに戻ってくる。だから、自分の得になることのために完全に方向を変えて努力をする必要が出てくる。ずるく立ち回って仕事を拒否するか、仮病を使ってごまかす、他人を利用する、などといったような。

仕事はなるべくしないで、大儲けするようなことを考えるために脳を乱用するべきではない。客や他の人間に対して、どのように自らの能力を発揮できるか、わくわくする気持ちと喜びを持って接する態度を育み、常に改善していくことができるかを考えることに頭を使ったほうがよい。このような戦略が幸せや成功への道につながる。例で述べたタクシーの運転手が示してくれているように。この運転手のとった方法が私たちにもそのまま向いているのではないことは私も認める。それでも普通、何かを得るためには先行投資をしなければならないのだから、あなたも試してみよう。

もしあなたが店員であれば、客にとって最高に有能で親切な相手になろう。他の職業、たとえば、医者、受付係、教師、自動車機械工、パン屋、大学教授など、どのような職業でも同じだ。人類愛に燃えているから、客をこよなく愛しているからといった理由でそうするのではなく、自分個人の人生において、もっと多くの喜びと満足を得たいから、そうする。前述の例であげたような拒絶の態度では、当人も喜びや満足は得られない。どのような職業であろうと、私たちは専門知識を深めることができるし、親切心を養うことができる。そして、他の人間が、恐れや愚かさや怠惰から実行しようとしない分、私たちがより多く実行すれば違いを出すことができる。

こうして、私たちは自分にふさわしいものを得るのである。

8 ✶ 境界線を取り払い、平均的な「型」を破る

「進んで旅に出る者だけが、精神の麻痺状態を避けることができる」――ヘルマン・ヘッセ

幸せな人間は、一般的にそれ以上は到達できないとされた地点を超越して見ることにも慣れている。世間の通例を、単に条件つきという意味合いとして受け止める。つまり、自分たちがいっそうよいものを見つける時点までか、発明するに至る時点まで通用するものにすぎないと思っている。多くの発明者がこのカテゴリーに属している。彼らはいつも考えている。どこを改善すればよいか。簡素化したらよいか。最高の性能にもっていくには？　もっと使い心地のよいものにするには？

それから他にも例がある。スポーツにおける限界を考えてみよう。たとえば、二メートルの走り高跳びについて。以前は不可能だとされていた「フォスベリー・フロップ」という「クレージーな」発明が登場した。背中でバーを越して跳ぶ、いわゆる背面跳びである。また、百メートルを一〇秒以下で走ること。それもかつては「クレージーな」考えと思われていた。

あなたもそのような体験をしたことがあるかもしれない。誰かがある限界を超えたと思ったら、驚いたことに次々とそのパイオニアの後に続く人間が現れる。突然、大勢の人間にそれができるようになり、何年、何十年もの間、一般に限界だとされていたにもかかわらず、ある限界を超えるこ

とが可能になる。たとえば、あるとき、誰かが初めて二メートルのバーをクリアした。すると突然、短期間に連続して大勢の陸上選手がその高さをクリアできたのである。主として頭の中に存在していた肉体的な限界は、積極的な行為と、文字通り、未知への跳躍によって取り除かれたのである。

ところで、ドイツではかつて、このまま電気を使い続けたら、(世界中のどの国も) 原子力を放棄することはできないだろうと何十年間も言われ続けていた。風力や太陽光といった循環エネルギー源の利用については、多くの人間に笑い飛ばされ、意図的に過小評価されていた。反対理由は、費用がかかりすぎる、複雑すぎる、当てにならないというものだった。しかし現在ではすでに三基の原発が停止され、このままいけば二〇二〇年ごろまでには、すべての原発が停止されることになるだろう。

今では行政が、住宅に太陽光発電パネルを設置することを奨励している。導入の費用は低利で借りることができ、現金の場合は費用の約一〇パーセントの補助金が受けられる。そして、現在は電力会社が太陽光発電からの電力を一キロワット時につき五六ユーロセントで買い取る。ちなみに私たちが電力会社に払う電気代は一キロワット時につき一五ユーロセントである。最近、住宅の屋根に太陽光発電パネルを敷きつめる家が増えたのも当然の結果だろう。また、この売電の制度はヨーロッパの他の国々でも取り入れられるようになった。

また、今日ドイツは風力エネルギー生産の世界チャンピオンであり、ブームを呼んでいる産業分野である。もっとも、少数ではあったが、先見の明を持った人たちと企業家たちが勇気を持って限界を認めなかったからこそ実現したのであるが。

個人の人間関係間にも、私たちが想像して作り上げた限界というものが存在している。このほうがさらに深刻と言えるかもしれない。私たちはみな、ある一定のルールを頭の中にこしらえている。「とるべき行動」「してよいこと、してはならないこと」「それをするには歳をとりすぎている、若すぎる、教育が足りない、貧乏だ」と、たくさんの声から編成された合唱が聞こえてくる。こうして限界は固められ、思考は自ら築き上げた限界まで来てストップする。「ここまで。もうこれ以上はダメ。おしまい」となるのだ。そうなると、注目すべきではない部分に考えが集中する。

【限界のことばかり考えていると、それがあなたの限界になる】

社会生活で抱く恐れは、想像が生み出す限界の典型だろう。あなたが会社の経営者か、他の意味で多くの人たちを率いていく立場にあるとしたら、たとえば、ある日社員や生徒たち、メンバー全員の前でスピーチをしなければならないときがあったと思う。初めてのスピーチだ。もしあなたが私のようであったら、胸はドキドキ、ひざはガクガク、それに額には汗のしずく。それでもあなたはその限界を超えた。そして、あなたがこの本を読んでいるということは、明らかに、あのスピーチの際に死ななかったということになる。現在のあなたはきっと、その限界を克服した、魅力的な話し手であるに違いない。

【自分の不十分さに絶望し続けるよりも、自分の能力と才能に集中したほうがよい】

つまり、もうおわかりのように、人生において注目したもの（焦点を当てたもの）は、すべて拡大されていくのである。これはポジティブなことにもネガティブなことにも同様に当てはまる。

収益性の高いビジネスのチャンスを見つけた新しい会社はその特別なビジネスを始める際、頻繁にルールを破る。たとえば、有名なインターネット書店「Amazon」の創業者ジェフ・ベゾスは、客が書店に足を踏み入れなくても本を売ることができると確信していた。客が見てもいない本を買ったりするはずはないと、当時誰も彼を信じようとしなかった。しかし彼はこのインターネット書店で、事実上あらゆる本を提供することができた。それも店の家賃や店員の給料に一セントも使わずにだ。おまけに本は配達無料で客の家に届けられた。

このようにして、その時点まで当てはまっていた伝統的な本の売買におけるルールはことごとく破られたのである。「Amazon」は一軒の書店も持っておらず、一つの能力しかない。それは本を客に選んでもらい、送り届けるということだけである。「当然ながら」、彼がビジネスを始める際にお金を貸そうとする銀行はなかった。だが、彼はそれにくじけることなく、自らの構想に最大の情熱と力量を惜しまずに、その構想を育て上げた。今日「Amazon」は世界最大の書籍発送元である。

自分自身の持つ能力に集中すると、私たちが「常識」と思っているものにぶつかることがしばしばある。学校では、自分の弱点を克服しなければならないと教わる。そして、どの学科も少なくとも平均点をとるべきであると言われる。しかし、平均というものは味気なく、ちっぽけで、不十分だ。「平均的」には「退屈」というイメージがあり、誰もほしいと思わないような単なる標準的なものに聞こえる。弱点を克服することに意味がある場合もあるだろう。しかし、本当に最高の能力は、決してこのように引き出されるのではない。難しい手術のために医者を探しているとしよう。あなたは、「平均的な医者」のところへ行くだろうか。それとも、見つけることが可能な範囲で最も腕の確かな、最高の能力を持った医者のところへ行くだろうか。彼らは、人々を治してあげたいという目的のため、自らの能力を「平均的」なもの以上に伸ばすべく、治療という絶え間ないトレーニングを続け、自らの能力に集中してきたのである。

型やルールを破ることに関する他の例として、企業や役所における服装に関する規定があげられる。それは確実に、少しずつ緩和される傾向にある。今日ドイツでは、職員のネクタイ着用が強制されることはほとんどない。女性の服装規定はほぼゼロである。堅実さと重要さの明確なシンボルとしてのネクタイは実際に時代遅れとなった。このように、形式にこだわる人は年々、少なくなる一方なのである。たとえば、銀行や保険会社のような、いくつかの保守的なビジネスはまだ遅れをとっているが、そのような団体もこの制限を取り除くことになるだろう。

このように、私たちは常に現実と想像の境界線上にある世界に生きている。あなたが誰かにこう言われたとしよう。「あなたの年齢で勉強することなどできないでしょう」と。その人はあなたを制限しようと試みる。あなたはその制限を受け入れることもできるのだが、受け入れる必要もない。

だが、おもしろくて意義のある人生を望むと、当然そのための代価を払う必要も出てくる。拒絶、自己不信、寂しさの一時期もそのような人生に伴うのだ。しかし、このようなライフスタイルのほうに生きがいを感じる人も大勢いる。なぜなら、それは私たちの人生に変化と情熱をもたらす力をそなえているからである。制限や壁や不必要な規則は特に私たちの頭の中にあるのだが、どこにあろうとも取り払おうとトライすることはできるし、少なくとも変更は可能である。することはたくさんある。だから始めてみよう！

9✶友情を温め、親密さを受け入れる

「人間は、すぐ使えるようにしてある物を何でも店で買う。でも、友だちを売っている店はないから、人間はもう友だちを持っていないのさ」

——サン・テグジュペリ『星の王子さま』

友情を保つことは、現代では難しい。多くの人たちの送っている、あわただしさと無意味に忙しいだけの一般的なライフスタイルは、友情を感じる気持ちが花咲くための環境を育てるのに適していないのだ。ポピュラーなレジャー活動、たとえばクラブ、パーティー、レセプションに人々は集まるが、うわべにすぎない。大体においてそれらは耳をつんざくように騒がしいか、表面的な行事である。ワイングラスを片手に、空いているほうの手を意味なくナーバスに振り回す。会話はしばしば形式的に上滑りしていくだけ。もっと深く突っ込んで話をする勇気は誰にもない。自分自身のことや、自らの人生や気持ちに忠実で、しかも重要なことを話すには勇気が必要なのだ。

しかし、まともな会話というのも、旧交を温めたり、友情を新しく築き上げたりすることも、た

いていの人にとって面倒すぎる。「ファストフード」と「便利さ」に代表される現代において、友情を育むことなど、あまりはやらないのだ。それでも、たいていの人はもっと友人がほしいと思っているか、少なくとも、もっと親しい友人関係を求めている。なぜなら、友人が全然いない人は高い代価を払うことになるから。認めたくないと思っていても、友人がいなければ喜びもなく、取り残された気分になり、寂しい気持ちがするだろう。おまけに、友人を持っている人々のほうが長生きであると多くの研究調査で指摘されている。

しかし、友情もただで手に入るものではない。私たちは新しい友人がほしいと思っていても、そのために何かをするつもりがあるだろうか。第一歩を踏み出す意志があるだろうか。私たちは代価を払いたくないと思うことが多く、奇跡か、せめてもっとよい時期が来る日を願って、どっちつかずの状況に再びとどまる。

仕事中や自由時間に新しく誰かと知り合いになったとき、私たちはすぐに頭で考えたパターンを当てはめる。その新しい社会的なコンタクトを、「投資」という嘆かわしい観点で見ようとするのだ。このように不幸な見方をして、新しい知り合いを将来「利用」できるかどうか、通りすがりにチェックする。だが、こういうふうに、「利用できるかどうか考える」と、せっかく親しくなろうとしても必ずだめになる。本当は相手に興味があるわけではなく、相手の地位、外見、権力、影響力や、財布の中身だけに興味があるのだから。

友情はビジネスではない。「利用できるかどうか」という種類の考えは、他者への無関心とシニカルな態度へと至り、それはまさに友情とは対極に位置している。もし誰もが「この人から何が得られるか」を考えれば、信頼関係など育まれるはずがない。友情はまったくそれとは反対に機能するものであり、「与えてしまえば手元には少ししか残らない」という私たちの人生に深く根づいてしまった信念とは逆のことが起きる。つまり、与えるものが多ければ多いほど、得るものは大きいのだ。

多くの人にとって周知のはずのこの考え方は、実際には実践されていない。ごく若いうちは簡単に友人ができる。なぜなら、利用できるかどうかなどという考えからはまだ遠く、そのような考えが、芽生えた友情を壊すようなことはないからである。

私のもとを訪れるクライアントたちは、友人がいないと言い、世の中の住みにくさについて文句を言う。その傾向は特に社会的に高い地位にいる、いわゆる「有力者」に属する人たちにしばしば見られる。

Z氏はそういう人たちの中の一人だった。ある会社の社長で、多くの人を雇っており、仕事は大成功している。しかし彼は鬱で苦しんでいた。顔に生気がなく、肩を落とし、握手は弱々しかった。「ご存じと思いますが」と彼は言った。「外の世界はサメのうようよいる水槽ですよ。キャリアのために戦って上に行けば行くほど、寂しさを感じます。もし本当の友人が得られたら、人生を一〇年返上してもいいくらいです」それから黙り込み、遠くを見つめて涙ぐんだ。沈黙が声なき声で「絶望」と言っていた。

表面では成功しているこのような人々も代価を払っているのだ。たとえば、本当の友人がいなかったり、少なくとも何年も新しい友人を作ることができなかったりすることはよくある。権力と地位を得るためのゲームをするような環境だと、友情の可憐な花が咲くような条件はなかなか満たされない。高い地位にいると、親しみをこめて近づいてくる人間の親しみが本物なのか、それとも相手から何かが欲しいだけなのか、自分の得になることはないかと思っているだけなのか、決してわからないからである。そうなると、不信感だけがつのり、健康的でない。

私が折にふれ痛感していることがある。人生に意味があると感じている人や満足している人は、実によい友人を持っていて、人生を豊かにしているということだ。そしてもちろん、量（うわべだけの関係がたくさんある）よりも、質（深い友情を感じる関係が少しある）が大事である。

人生にもっと喜びがほしいと思う人には、友人が必要なのだ。だが、何をしたらよいのだろう？

第一に、怠惰を克服することが大切だ。それから、アンテナを掲げて、あなたが他者に興味があることを示そう。そのふりをするのではなく。あなたが相手のことをもっと知りたいというシグナルを出す一方で、あなたも自分の名前や住所や職業や携帯電話の番号を告げるだけでなく、心をある程度開いておくのがベストだろう。このようにして、まず知り合いになる。

さて、ここからどのように事が運ぶかは、あなたしだいである。というのは、知り合いが自動的に友人に変わるわけではないのだから。知り合いから友人になる過程は普通、長くて微妙である。うまくいかないことも多い。友情をいくらか感じられるようになっても、広い範囲に及ぶナルシシズムと過度の自己中心主義がそれをもみ消してしまう。えんえんと限りなく落ち続けるナイアガラ瀑《ばく》布《ふ》のようにしゃべり続ける自己中心癖の人、他者が何を必要としているかさっぱり理解できない人。そのような人は少なくない。そして、私たちは自分がそうであるとはなかなか気づかないものだ。

あなた自身に、友情を育てる用意があるだろうか。本当に他者の気持ちがわかるだろうか。正直で、信頼がおけて、他人の秘密を守れるだろうか。こういった性質がすべて友情を育てるという保証はないが、役には立つだろう。

友情と親密さを分けて考えることはできない。そして今日では不幸にも、この二つをあまり期待することができない。長年連れ添ったカップルにもそれが当てはまる。親密さは自動的にセックスと関係があるわけではない。そうではなくて、親密さとは、**魂を囲んでいる感情の壁を取り除き、他者に自分の内面を知ってもらうという用意と願望があること**を意味する。また、相手に近づくことに対する恐れを克服し、本当の気持ちを通わせ、深く貴重な関係を築き上げるという用意と願望があるということでもある。しかし、長年連れ添っていてもそれができないカップルは多い。思いやりがなく、互いをあまり大事にしないカップルに私は驚くことがある。

私たちの社会で普通に見られるようになった冷ややかな態度というのは、相手に近づきたい、愛情を求めたいと思っても得られなかったことのフラストレーションが積み重なった結果である。かつて私たちが幼かったころ、愛そうとし、愛されようとした。しかし、反対に拒絶や感情を害するようなできごとに出くわした。そこで、精神生活において基本的な決心をしたのだ。「これから先、自分を傷つけるようなパワーをもう誰にも与えるものか」と。そして、拒絶と結びついた精神的な痛みをどんなことがあっても避けたいと思って、自分の周囲に防壁を築いた。そうやって冷ややかな態度で距離を保っておく。それがたとえ、私たちに有害であるとしても。

友情は、このように鎧《よろい》で身を守るように閉ざした心と自らを防衛しようとする態度を解きほぐし、やわらげる大きなチャンスをもたらす。大切なのは親密さの感じられる環境を作り育てることであり、そこに愛情に満ちた感情の基盤が生じる。友情と切り離して考えることができない親密さがじょじょに築かれる。「私の友人は私のことを知っている。他の誰も知らないことを。それからその逆も」と、自分の抱いていた恐れや傷ついた気持ちのやりとりを通じて、私たちがみな切望している親密さが生まれるのだ。

以前は私たちの魂の回りを壁で囲み、鎧で覆うために使っていたエネルギーは今や解き放たれる。解放感と安堵《あんど》感で心地よさをおぼえる。こうして、このデリケートで小さな「友情」の花は開き、二人のすばらしい関係が始まる。

人と知り合うチャンスや、友人を見つけるチャンスがあっても、ささいなことが原因でうまくいかない例もある。人は互いに挨拶を交わさなくなってきており、何も言わず、冷ややかな表情でのそのそと通り過ぎる。コミュニティカレッジの教室でも、教師が現れるまでの待ち時間、誰も何も話さない。みな黙って座っている。どうやら法律書に記載されていない法律があるらしい。禁止事項――挨拶、フレンドリーな態度、他者とのコンタクト。「まず、相手のほうから挨拶すべきだ」と考える人は多いだろう。しかし、他の人も同じように思っていたら、何も起こらない。このように私たちは互いを無視する。

心をこめて人を招待するといった習慣も、昨今の世の中ではポピュラーでない。お返しの招待をしないという、かつては想像さえできないことも起きる。ここで思い出してみよう。招待してくれた相手をこちらからも招待しただろうか。私たちはそういったことすべてが労力の無駄で、面倒な努力だと思っている。「もらうのは大いに結構だが与えるのはごめんだ」と言わんばかりに。

そうではない経験もしているだろう。たとえば、ギリシャやスペインのような温暖な外国で休暇を過ごすとき、私たちはリラックスして他者にフレンドリーになる。そうなると突然、これまでとはまったく違う側面が表れる。「招待されるのもいいが、一度は自分のほうから招待してみるか」という気持ちになる。休暇先の暖かい太陽、ビーチはすぐそこ。休暇で来ている他の人たちも椰子《やし》の木の下、フレンドリーだ。一般的に、このような条件の下では他者に対してオープンになり、行動も自発的になって、他者とのコンタクトを厭《いと》わないようになれる。

一見、これは外部の環境のせいのようだが、本当の原因は、休暇中にとる私たちの異なった態度にある。他者を見る際も、休暇先ではどちらかといえば人の長所とポジティブな点を見る傾向にあり、私たちはフレンドリーになって他者に関心を抱く。狭い了見を抱いたり、意地悪く考えたりしない。地元の人たちのリラックスした態度に感化されて、私たちも気軽にフレンドリーな言葉を使い、微笑みが時に思わぬ効果をあげる。

次の休暇に出たら、陽気な心の持ち方を日常生活におみやげとして持ち帰ろう。あなた自身が誰かのよい友人となりうる人であり、あなたが友情を育む努力をするならば、よい友人にいずれ必ず巡り会うだろう。その選択はひとえにあなたしだいである。

第5章……夢から具体的行動へと進むには

この章では、どのように私たちの夢を具体的に行動へと移すことができるか、個々の人生で実践を容易にする方法を紹介したい。あなたはこの本を単に読むだけではなく、幸福への道を歩む過程で実際に役立つ具体的なヒントを得て、変わりたいと思っているだろう。そこで、ここからは、得た知識を実際に使う方法と、満足のいく夢や幸福実現のための必要条件を述べよう。

1 ＊仕事の真の価値について

「私は心をこめ、楽しんで書いた。それだけは確信している」

――アストリッド・リンドグレン（児童文学作家）

あなたの職業、つまり仕事は、あなたの存在を表す重要な一面である。一般的に、生きる意味に関する自己理解と考えの多くの部分を、私たちは仕事に関係したことから定義している。もしあなたがおもしろくない仕事をしており、仕事に満足もしておらず、その仕事が個人的見解で考えた「よき人生」を少なくともほんの少しさえも具現していないとしたら、人生のエネルギーと喜びの膨大な損失である。人生の喜びを、余暇と個人の生活だけに関連して考えるのではなく、仕事の中や、仕事そのものにも関連して考えてみることが重要なのだ。

世間一般では、「仕事」について話すとき、しばしばネガティブな点が強調される。仕事について考えてみると、退屈すぎる、ひどく面倒、給料が少ない、ストレスがありすぎる、上司や同僚などが正当に評価してくれない、もしくはここに述べたこと全部を組み合わせたようなことが連想されるだろう。

仕事を喜びとしている人が働く姿を注意して見たことがあるだろうか。たとえば、すぐれた外科医が手術をしているところ。創造力にあふれた建築家が家をデザインしているところを。芸術家が新しい作品に熱中しているところ。高名な教授が学生たちを前に講義に熱中しているところ。そんな姿からは感動がじかに伝わってくるようだ。それからまた、愉快な魚売りが市場で買い物客に愛嬌をふりまき、人々を笑わせているようすを観察したことがあるだろうか。ここにあげた人たちはみな仕事を通じて、喜びのオーラとエネルギーを放射する。その秘密は何だろう?

「仕事とは苦労が多く、他から強制され、避けられないもの」という世間の意見とは別種の仕事もある。時のたつのも忘れて何時間でも熱中でき、徹夜で働いてもいいと思えるだけでなく、仕事後にエネルギーが少なくなったと感じるどころか、仕事前よりさらにエネルギーがあるような気がする。何気なく時計を見て、もうそんなに時間がたってしまったのかとびっくりする。

経済的に成功しているかどうか、ステータスシンボル、他者がどう評価しているか、そのようなことはまったくどうでもいいという気持ちにさせる仕事。そんな仕事をしていれば、私たちは他の人たちを魅了して、思わず興味を抱かせてしまうだろう。仕事を通して、夢と未来像を実現することができ、私たちは心の底からありがたいと感じるだろう。胸は躍り、実に楽しくて満足感があり、極端に言えば、自分の財布から支払ってもいいからその仕事をしたいとさえ思うかもしれない。通常のように、会社やセミナーの参加者からお金を受け取ってようやく満足を得るのではなく。

このような情熱的な仕事だと、私たちは困難に屈するどころか、それに挑み、より創造的になって困難を克服する力を得る。仕事が終わり、夜になるといくらか疲れを感じるが、それでも気持ちはエネルギーと満足感に満ちあふれている。翌朝は一息にベッドから跳び起き、仕事を続けることが楽しみでたまらない。「そんな仕事がほんとに実在するの？」あなたは今、たぶん懐疑的に考えているだろう。

たとえば、すばらしいアイデアとそれに憑《つ》かれた数人の創立者だけ、というような小さな会社は数多くある。そのような創立者たちは自分の感動と燃えるような未来像で若い働き手たちを刺激し、魅了することができる。事務所はたいてい暗い裏道にあり、暖房もよく効かなかったりするのだが、移転するだけの経済的な余裕はない。あるのは、自分たちの仕事によってほんのわずかでもいいから世界をよくしようという情熱や挑戦やチャンスである。これが多くの人にとって、この世のお金全部よりも励みとなるのだ。

たとえば、ラルフ・ドメルムートというドイツ人は、「ユナイテッド・インターネット」というインターネットの会社を立ち上げた。会社とは言っても名ばかりで、実際、ゼロからの出発だった。それでも彼はこともあろうに、ドイツ最大の電話会社である「ドイツテレコム」と競争したいという、とてつもない夢を抱いていた。そして結局、夢は実現した。彼の提供するインターネットのほうがより速く、質もよく、安いということで、ビジネスは大成功したのだった。これは小回りがき き、融通もきくという小さな会社ならでの利点を最大限に活かすという創造的アイデアのたまものだった。

孤独な発明者は自分の静かな小部屋で自らのアイデアに夢中になっているだけでなく、いくぶんかクレージーでもあり、ほんの少しでもすばらしい発明という目標に近づけば喜びを感じる。

若いバレリーナにも同じことが言えるだろう。日常の難しいトレーニングがあっても、有名な舞台に立つことに喜びを見つけ、バレエこそがすべてと思っている。自分には見えているだろう。「白鳥の湖」を踊る目標に絶えず近づいていると。それ自体が、幸福と満足を同時に手にできるプロセスだ。

ピアニストは日常練習する間、外の世界を忘れる。なぜなら彼らは、華麗さと奥深さを秘めた完璧な音楽の幸福を自ら体験することができるからである。こういった人たちは、単にお金を儲けるためではなく、まさしく本当の意味での仕事を見つけたのだ。お金のためだけに芸術活動をするのであれば失望するだけで、恐れを抱き退屈して生きることになり、人生を無駄に過ごすことになる。

実際にどれくらい仕事をしたかということと「燃え尽き症候群」とは何の関係もない。日に二時間だけしか働いていないのに、へとへとに疲れて、空虚な気持ちで何のために働くのかわからずに帰宅することもあるだろう。だが、十二時間かそれ以上働いた後で、爽やかな気分で口笛を吹きながら帰宅することもある。この点に関しては、先に描写したような多くの若い企業家がよい例を見せてくれ、人々に希望と勇気を与えてくれる。このような男女は十二時間か、それ以上でも楽しんで働く。この人たちが自分は「燃え尽き症候群」だと言うのを、私は聞いたことがない。内面から出た働く動機は、高収入だから、権力が使えるから、声望が得られるからといったような外面のどんな動機よりもずっと効率がよいのである。その動機は内面で燃え盛る火と同じである。その火はあなたにエネルギーを与える。それは感動と深い喜びが土台になっており、決して涸《か》れることのないパワーの泉なのだ。

あなたが幸運の女神に見そめられた人でない限り、その種の仕事がどこかであなたを待っているわけではない。それは、自分にとって理想の仕事をひたすら探し求め、想像力を駆使して困難と後退に耐えながら克服した結果なのである。

あなたの「理想の仕事」がまだ見つかっていないとしたら、まず理想の仕事を思いめぐらしてみることが何をおいても必要である。重要な点を書き出すため、次の問いに正直に答えてみよう。日曜の静かな午後などがいいだろう。これを今日すれば、わずか半年後にはどれほど成果があったかがわかって驚くだろう。点数をつけるのではないことを忘れないように。これには「正解」や「間違い」はない。

1. 人生で私にとって本当に大切なことは何だろうか。
2. 私が感動を覚え、積極的に取り組みたいと願い、人生の喜びを感じ、才能を最も活かせると思う活動は何だろうか。どんな分野でそう感じるだろうか。
3. 社会的、地理的に、どの地域でならば、より良い世の中についての私の未来像を理想的に活かせることができるだろうか。誰と仕事をしようか。どこで？　大都会？　小都市？　田舎？そのときの私の仕事場はどんなふう？
4. たとえ報酬がなかったとしても、それでもしたい仕事（したいこと）というのは何だろうか。
5. すでにその仕事をしている人（必ずいる！）、手本になる人、あるいは少なくとも似たようなことをしている人がいるだろうか。そのような人と、いつ、どのようにコンタクトをとることができるだろうか。
6. パートナーは私のアイデアが気に入るだろうか。あるいは、賛成してくれる「サポーター」を他に見つけられるだろうか。
7. 理想の仕事を実現させるために、さらにどんな重要な情報が必要か。
8. 必要な情報とサポートを得るために、明日、明後日……と具体的にどのようなステップを踏むことができるだろうか。

これらの質問にあなたの答えを書き出し、あなたの理想の仕事に対して抱く新しい気持ちについて考えたら、理想の仕事を実現させるための具体的なステップを少なくとも一歩踏み出そう。それを実行しないうちは他のことをしないことだ。

あなたの理想の仕事を具体化するための一歩を踏み出せただろうか。もしまだなら、もう一度質問を読み通して、じっくりと理想の仕事について想像してみよう。これらの質問を手がかりにすれば、これからの具体化のためのプロセスに役立つ。クライアントとの私の長年の経験から明らかなのは、こうした問いへの答えを自ら書き出してみるのが実に有効だということである。

以上述べたことを実行すれば、受け身の態度とネガティブな態度は追い払えるだろう。やがて何らかのかたちで、あなたは必ずその行動の成果を得る。これからあなたは毎日ステップを踏み続けていく。それが一歩ずつの前進を可能にする。たとえば、先日、非常に役に立つような情報を耳にしなかっただろうか。どこかの場所で、今後参考になるようなことを目にしなかっただろうか。計画を進めていくために、明日は誰とコンタクトをとる必要があるだろうか。

お望みなら、「理想の仕事」と題したノートを作ってもいいだろう。そこにすべての活動と電話番号、ヒント、その他の情報を記録する。このようにすれば、あなたのプロジェクトは毎日自然と進み、目標へと近づいていくだろう。数週間たったらノートを読み返してみよう。どれほど成果があったかを知って驚くだろう。目標に着々と近づいている。自分で人生のハンドルを操っている。積極的に動いており、もう受け身でもなく、他者に操られてもいない。突然、それまで決して知ることのなかったエネルギーと、使ったことのない可能性が自分の中にあることに気づく。

2 ✶なぜ私たちは変わらないのか（変わりたくないのか）

私たちは、長い時間をかけて定着した考え方と行動の癖が自分たちに不利で不都合であるとわかっていても、変えようとしないものだ。そういう考え方や癖を変えることがどんなに難しいか知るたびに私は驚かされる。誰でも自分の例からわかるだろう。以前ダイエットをした。禁煙しようと思った。外国語を新しく勉強したいと思った。あなたは「本当に」規則正しく勉強したいと思っていたのではないだろうか。タバコを減らしたいと思ったり、もっと頻繁に子供と遊ぶ時間をとったり、愛する人にもっと頻繁に花束をあげようと思ったり、規則正しくスポーツをするつもりだったのではないだろうか。また、上司にもっと自分の業績をアピールするつもりだったのでは？　うわべだけになった関係を終わらせたいと思ったのでは？

しかし、これらの問題はどれも煩わしく、大部分が葛藤と結びついている。私たちはみな深く根ざした葛藤に対する恐れを抱いており、それから逃げるほうがいいと思っている。ここで言う葛藤とは、私たちが何か大きなことを変えたいと思ったとたんに私たちの人生に侵入してくる障害物のことだ。たとえば、早起きをしなければならないといった努力が新しく必要になったり、飲み屋に通う習慣を断念しなければならなかったりする。そういった努力や、習慣を改める行為は短期的に見て「心地よい」ことではないので、当然のごとく、進んでやりたいとは思わない。

さらにまた、とうの昔に急いでするべきだった決断をさらに先延ばしにしておきたい。積極的に解決する努力をする代わりに、問題解決を延期したり、否定したり、もしくは何か他の方法で自分の意識から遠のけておく。そうすることにかけては大いに思いつく。そう、いつもの短期的な思考の繰り返しである。

基本的なメカニズムはたいてい次の通りである。私たちはある行動、ある願望のポジティブな結果が得られたらと願う。しかし、代価を払うのは常に嫌なのだ。そのための努力はもちろん、それに伴って起こる対立からは遠ざかっていたい。エネルギーもあまり使わずに成果を得たい。だから、「短期間に金持ちになる法」や、「一週間で理想の体重になる法」といった本はよく売れるのだ。

だが、農夫なら誰でも知っているように、収穫するには、種を蒔《ま》き、厄介な雑草を丹念に抜いて、肥料とコンポストを補充してやり、肥えた土であっても小石を取り除き、水まきして土作りをする必要がある。こういうことを私たちはすべて回避して、できるだけ他にゆだねるか、何らかの方法でなるべくいろんな面倒から逃れて収穫を得たほうがいいと思っているわけである。

エデンの園を追放されて以来、すでに長い歳月がたった。しかし、「努力を必要としない楽園」の暮らしに対する魅力はまったく失われていない。この、幼稚でわがままな態度はごく普通に見られる。あなたも自分の人生で、収穫は得たいが種まきや除草や肥料やりはごめんだというような心当たりがあるかもしれない。目下の生活状況が快適であればあるほど、現状を壊すことは難しい。

私がクライアントから次のように聞かれることは珍しくない。「どのようにしたら幸せになれるか教えてください。でも努力や対立は嫌です。魔法を使って楽園を作ってほしいのです」

ここに述べたことをよく理解するためには、人生の方向転換や新しいプロジェクトの開始を妨害する、ある現象について熟考しなければならない。たとえば、新しい仕事場を見つける、一緒にいる意味のなくなった関係に終止符を打つ、新しいパートナーを見つけるといったときにその現象は現れるのだが、私たちが日常的にしていることの中に隠れていて表から見えない。

心理学の言葉ではそれを、「二次報酬 secondary reward」と呼ぶ。これは、ある行動や状況がたとえ自分たちによくないこと、あるいは不利であるとわかっていても絶対に変えたくないという事実を表している。その理由は、自分たちを損なったり傷つけたりしているような状況や不満だと思う状況からも、私たちは「隠れた利点」を引き出していることが多いからである。しかし、私たちはその隠れた利点のことを認めたくない。普通は完全に無意識でそうしているのである。

私たちはえてして、長期間続く悪い状況の下で暮らしていくほうを好むことが多い。なぜなら、新しい状況下で起きるかもしれないと想像される危険にさらされるよりも、悪い状況のほうに精通しており、それに伴う安心感があるからである。私たちは葛藤に尻込みする。そして、表向きは何かが変化することを願っているのだが、同時にそれを願わない。一歩前進して一歩後退。その例を次ページに表で示してみよう。

これらの例が示すように、私たちの変わりたいという願望は、変わらないでおきたいという、より強固な願望を伴っていることが多いものだ。幼稚園か小学校で遊んだ「綱引き」を思い出そう。力一杯綱を引っ張ってもびくともしなかった。そして、今日でも多くの人間が力を入れて引いている。しかも両端から同じだけの力で。二歩前進し、二歩後退するだけなので、最終結果は現状維持

私が変えたい状態	行動をしないことに対する利点（隠れた利点）
気分がすぐれず、「病気だ」「力が出ない」と強調する	注目してもらえる。気遣ってもらえる。やさしくしてもらえる。健康であれば行動が要求されるが、それは骨の折れることだ。
何か新しいことを始めたいが、いつも受け身の状態	積極的ということは仕事、努力と結びついている。それは嫌だ。さしあたり楽なほうがいい
マンネリ化した関係	不安がない。無味乾燥なルーティンであるが、すべて熟知しているという安心感がある
体重オーバー、運動しない	甘いものや脂肪の多い食べ物を食べる間違った食習慣だが、「すばらしい」楽しみであり、「ストレス解消」と見なしている。今はそれでいい
私のパートナーはパートナーとしてふさわしくない。（例・アルコールや薬物への依存、暴力をふるう）	私は彼のもとを去ることはできない。彼は私を必要としているから。私だけが彼を救うことができる。このように考えると、落ち込まないですむ
パートナーを見つけたい	外で新しい人と出会うのは不安で、リスクが伴う。そのような状況を避ければ不安も生じない。今のところはそのほうがいい

となる。だから何も変化しない。あなたがこれらの心理的な障害を認識し、適切な行動を通して排除しなければ「ポジティブ思考」はできないし、自己啓発セミナーも実際には役に立たないだろう。そう、惨めな状況にいることは全然恥ではない。しかし、そこに結局とどまっていることは恥である。

3 ✶ 快適ゾーンからの脱出

日常の生活にルーティンができていることに、あなたはもうはっきりと気づいたと思う。ルーティンになったことは固定化してしまっていることが多く、自分の本来の目標と願望にプラスになるかどうかなど考えてもみないものだ。たとえば、反対の手で歯ブラシを持って歯を磨いてみたことがあるだろうか。いつも同じ側の手でドアを開けていることや、同じ指でカメラのシャッターを押しているいることに気づいているだろうか。また、行きつけの飲み屋があるとか、あなたがコミュニティカレッジに行っているとしたら、たぶんいつも決まった席に座るだろう。いつも座る席に他の人が座っていたら、不安に感じたり、腹立たしい気持ちになったりするだろう。また、定期的に散歩やジョギングしているうちに一定のコースができる。もし、同じ道を反対側から歩いたり走ったりしてみたことがまだなければ、次回はそうしてみよう。この次、お気に入りのレストランに行ったら、違う席に座ってみて、どのように感じるか注意してみよう。「妙な感じ」がするかもしれない。

この「妙な感じ」が、新しい領域にちょっと踏み込んだというしるしである。つまり、ささやかであってもルーティン化した従来の古い行動方式を破り、新しいことにトライできたということだ。

スーパーの経営者はそのことを知っている。だから、売れ行きがよく、利益がある物から人が買い物をして歩くように商品を置く。そこで、必ず果物と野菜から始まる。腐る物なので、できるだけ今日中に売ってしまう必要がある。ただしこの方法が有効なのは、買うことに大きな関心が向いている客が買い物を始めるとき、要するに、まだ財布の中身が十分にあるうちに商品が提示された場合のみである。後になるとカートはもう一杯になっているかもしれないし、お金がもう足りないと思われるかもしれないし、時間がないかもしれない。

今度、試しに、いつも最後に買い物をするコーナーから逆に買い物を始めてみよう。きっと「妙な感じ」がするだろう。それは脳の防衛機能で、生命のあらゆる事態に際してあなたを保護しようとするのだ。脳はあなたに警告する。「ほら、注意して！　新しい物がある。危険かもしれないよ」これは古代からあるメカニズムである。今日ではもう役に立つわけではないが、大昔、野生動物や自然災害が私たちを脅かしていたころ、身の危険から私たちを守っていたのだ。

ルーティンを破るには、感情的、精神的バリアーの克服を必要とする。そうすることによって、私たちの個性は発展し、より高いところにある新しいレベルに到達することができる。

さらに重要なのは、融通性のない社会的行動のありかたである。他の人たちと一緒にいるとよく見られる状況がある。たとえば、面識のない人たちのいるパーティーに参加したとき、あなたは他の客たちと話すだろうか。それとも、話しかけられるまで誰とも話さないだろうか。レストランで、塩のききすぎたスープや、焦げたピザが出てきたとき、交換してもらっただろうか。それとも、無理に平らげただろうか。店員から親切に応対された場合、何も買わずに店を出ることができるだろうか。誰かがあなたに微笑んだとき、微笑みを返すことができるだろうか。それとも、融通性のない行動プログラムに従って、仏頂面《ぶっちょうづら》のままでいるだろうか。

たとえば、新しい行動を習得したい、新しいことにトライしようと心に決める、もしくは、新しいプロジェクトに取り組み始めたいとする。そのような場合、この本が提案していることを実行すれば、あなたはいつも、自然に自分自身の恐れとも対決することになるだろう。

次のような場合はどうだろう？　あなたは恋人を見つけようと決心した。そこで、とにかくまず男性（女性）と話をしなければならない。その目的で、もっと頻繁に外出するか、パーティーに行くことにする。当然、不安と恐れがある。しかし、現在恋人のいる人はすべて、独りでいるというルーティンを破り、未知の人間関係に入っていった人たちなのである。

社会的行動が不十分でうまくできないとき、私たちはその欠点を巧みな言葉で補うことが多い。問題が大きくなると、それから逃げておこうとするものだ。そうすれば、しばらくの間は気が楽でいられる。そして、私たちは社会的行動のスキルを練習したいとも思わない。なぜなら、そのスキルは「自然に」できなければならないことと思い込んでいるから。だが、実はこのようなことに関して私たちが「自然にうまくできる」ことなど、ほとんどないのだ。

社会的行動とは単純なものではなく、それを習得するには持続的な練習と訓練が必要である。しかし、残念ながら私たちは、世間でよく見られる受け身で回避する行動に固執することが多い（したがって恋人もなかなか見つからない)。この回避の行動から抜け出せないでいると、次のような心理的なメカニズムに陥ってしまう。

□「悪循環」

状況を評価する↓不安が生じる↓不安に降参する↓以前の行動のスタイルを維持する↓**不安がそのままとどまる**↓気分が落ち込む↓不平を言い、いらいら状態に陥る↓これまでの行動が固定化する↓出だしに戻る

以上のプロセスは次のようにもなり得る。

□「幸せの循環」

状況を評価する↓不安が生じる↓不安を受け入れる↓不安があっても新しい行動をとる↓**不安が減少**↓満足感↓新しい行動を頻繁にトライする↓出だしに戻る

幸せの循環か悪循環のどちらかをあなたは選択することができるのだ。幸せの循環を選択する際に必要なものは、ほんの少しの勇気と、あらゆるところで待ち受けている〝気まずいシチュエーショ

ン〟に立ち向かうための心の準備で、その他は不要である。あなたのとる基本的な態度がこのようなものであって、しかも完全に自分でした決断であれば、世界はあなたのものである。あなたは何千倍もの大小の報酬を受け取ることになるだろう。

ここで、私の教師の一人だった論理情動療法の大家アルバート・エリスの話をしよう。あるとき彼はニューヨークのセラピー・センターで次のような話をして参加者たちをおもしろがらせた。

彼は若いころ心理学を学んでいたのに（学んでいたからこそ？）、引っ込み思案で内気だった。それも若い女性との交際という点で。それでも彼はガールフレンドがほしいと思った。だが残念ながら彼は当時の理想美にかなったハンサムな男ではないばかりか、鼻が大きすぎた。

ある日、彼は決心する。近所の植物園に行って、ベンチに座っている若い女性がいたら、その都度、横に座って話しかけ、会話にまでこぎつけてみよう。それからデートを申し込もう。さて、自分自身がこれと同じ状況下にあると考えてみよう。あなたが女性ならば、相手を若い男性に置き換えて、自分の気持ちを観察しよう。そのとき、どんなことを思い、どんなふうに感じるだろうか。あなたも他の人と同じように、落ち着かない気持ちになるかもしれない。アルバート・エリスもその計画に不安だった。しかし、若い女性と知り合って、自分の努力の成果をエンジョイするさまを彼は何度も集中的に想像した。しかも、数人の女性とそれを試してみようというのではなく、極端なことに、百人の若い女性と実行しようと考えたのである！

言うが早いか、すぐ実行。一回目、彼は極度に緊張して、手はブルブル震え、額には汗が流れた。

だが、彼はこの計画を断念するくらいなら死んだほうがましだと思っていた。そして、彼は決心したことを実行する。ひざをがくがくさせながら公園を歩き、ベンチに一人で座っている最初の若い女性の横に座った。汗をかいて、顔は真っ赤……。ついに彼は女性に話しかけた。数分もたたないうちに不安は消えた。そして、会話をするうちに彼は、実行する過程で自分が死ななかったということに気づいた。

二人目の女性のときは、すでに一人目のときよりうまくいき、三人目とその後では、おおかたの不安は消えた。やがて、この行いを楽しいとさえ感じるようになった。数日後の結果は次の通りである。彼が座ると、すぐに立ち去る女性がいた。彼とちょっとの間会話してから立ち去る女性もいた。無言で座り続ける女性もいた。彼は実際に百人の女性に話しかけたが、デートにまでこぎつけたのは一度だけだった。デートしたその女性との関係は発展しなかったが。

彼はこの注目すべき体験から何を学んだだろう？　つまり、「不安があったにもかかわらず死には至らなかった」ということ。彼が話しかけた女性たちは助けを求めて叫んで逃げ出したわけでもなかったし、警官を呼びもしなかったということ。何度かは会話がはずんだこともあった。この「新しいルーティン」を繰り返すうちに彼は、初めの不安感が楽しさと満足感に置き換わっていたことに気づいた。最後にはこの冒険をむしろ楽しむようになっていた。

エリスは練習を続けて自分の不安を治した。後に彼は「もてる男」になって、女性に人気があった。ハンサム男ではなく、鼻が大きすぎるにもかかわらず。この一連の経験がなかったら、彼の女性恐怖症はおそらく一生そのままだっただろうし、多くの人生の喜びを断念しなければならなかったことだろう。

【いつも快適ゾーンだけにいると、その中で窒息する危険がある】

状況に立ち向かい、社会生活に必要なスキルを練習するよりも、重要な社会的経験から逃れ、受け身でいたほうがいいと思う傾向が私たちにあることを、この例は愉快な形で見せてくれる。だが、なぜだろう？　なぜ私たちは、車の運転を練習するように、靴ひもを結ぶ練習をするように、スケートをする練習や、インターネットやコンピュータを使う練習をするように、社会生活に必要な行動を練習しないのだろうか？　社会生活に必要なスキルを学ぶなんて余計なことだという確信が強く定着しているのは明らかである。私たちが生まれてすぐ母乳を飲む方法を知っていたのと同じく、教わらなくても何でもできるはずだと思っているのだ。だが、その考えは正しくない。

ちなみに私たちドイツ人は特に多くのことを学ぶ必要があるようだ。私が国外からドイツに帰ってきて、この国で社会生活における人々の礼儀作法を見るとき、いつも改めてカルチャーショックを克服しなければならない。人はぶしつけで、相手を見下したような口をきく。なぜなら、感情面でのハンディと恐れから、そのようにふるまうことに慣れきっているからである。

隠れた敵意を持ち、感情面で距離をおくという行為は平均的ドイツ人精神と切っても切れない関係にあると、私はいつも感じている。それは人々がある状況下で「権力」が使えると思ったときに顕著であり、デパートの店員から始まり、役場の役人に至るまで見られる。こうした態度は、自分自身の個人的な欠陥と恐れとトラウマが土台になっているのだろう。

しかし、たぶん、この隠れた敵意は、ドイツにおいて有効な普遍的法則というわけではなく、何度も練習を繰り返すうちに感情的にもっと気持ちのよい行動に置き換えられるだろうと期待してい い。少なくともダニエル・ゴールマンはそんな希望を抱いている。彼は著書『EQ こころの知能指数』(邦訳、講談社)にこう書いた。「慣性的な怒りが即そのまま死の宣告と思い込む必要はない。敵愾心《てきがい》は習慣であり、習慣は変えられるからだ」(土屋京子訳)

では、どうすれば他者とのよりよいコンタクトができるだろうか。微笑みで勇気づけられたとき、心が通じ合ったとき、親しみのある態度に接したとき、うっかりぶつかった他人から微笑みが返ってきたとき、私たちはみな気持ちがなごむだろう。また、口元に笑みを浮かべて他の車に譲るドライバーが増えたらいいのに。親しみを表すのにお金はかからない。しかも、それは人生をずっと快適なものにして、私たち自身と他の人たちが受け取る人生の喜びを増やすことになる。

私たちの社会には、感情を表せないという障害のある人間が多すぎる。人に対して感情をこめた態度で接する能力がないのだ。結果として、先進諸国はどこも感情面での貧困国になっている。これは自らの選んだ結果としてである。そして同時に、私たちは自分の人生に喜びと愛情が欠けていることに文句を言っているのである。

心理的な面からいっそう詳しく説明すれば次のようなことだろう。つまり、こうした頑《かたく》なな人は、体験を通じて学んでいくうちに、個人のつきあいにおいて、多くの侮辱や、不親切や、妬み、頑固さに苦しめられ続けるといった、あまりにもたくさんのネガティブな体験をして心に傷を受け、私たちは――意識することなしに決断したのであるが――「鎧《よろい》」を着ようと決めたのだ。それが私たちを安全に守ってくれるだろうと考えて。そのために私たちは高い代価を払っているわけだが。

【他者に近づくことに対する恐れから、私たちは自発的なコンタクトをとらない。不安になるよりも、寂しいと感じたほうがいいと思っているから】

だから、前述の「幸福の循環」を始めるのは容易なことではないのだ。悪循環を終わらせるには、ある程度リスクをとらなければならないし、行動する必要がある。分析するだけや不平を言うだけにとどまっておくべきではなく、もっとうまく問題を処理しなければならない。幸い、仲間は十分にいる。もちろん、この本を読んでいるあなたもその中に入っている。あなたもこの問題を認識しているだろうし、たぶんいろんな場所で、人がうまく対人間のコンタクトをとるさまを見てきただろう。もしくは、感情的に健康な親に育てられ、他者と満足の得られるようなコンタクトをとることを小さいころから学んだラッキーな人もいる。

さて、悪循環を終わらせるには何をしたらよいだろうか。それには、まずその種の状況の評価（第2章の6「内面の独り言」の節を参照）を変えることから始めよう。不安と動揺の代わりに、楽しいこと、おもしろいこと、喜びを連想してみよう。他者はあなたが想像で描いているような「変な人間」ではないかもしれない。もしあなたが微笑んで最初の一歩を踏み出して近づけば、感情の鎧はいくぶんか解除されるだろう。

私が開催したセミナーで、参加者たちはお互い見ず知らずで、他者を敬遠する態度と不安に満ちた沈黙を習慣化していた人たちだったのに、数時間後には温かい解放感を抱くに至るというプロセスを何度も見てきた。つまり、それは可能だということだ。

感情の鎧は自然の法則ではない。親しみをこめた言葉はものごとの始まりをポジティブにするだろう。あなたが何を言うかではなくて、どういうふうに言うかが大切である。親しみをこめたボディランゲージはそれを助ける。私たちは自動的に親切な人間にはなれないが、親切な言動と相手の身になって考えることができるという能力は練習によって得ることができるのだ。

ここで私自身の趣味から得た一例を付け加えておこう。私は二〇年ほど前からジョギングをしている。私の仕事は主に話をしたり、積極的に人の話に耳を傾けたりすることなので、仕事の後のジョギングは私にとってよい休養になる。仕事場を出てジョギングシューズをはき、一〇分後には森の中だ。お気に入りのコースはジョギングに最適で、景色もいい。他にもジョギングしている人がいる。初めのころ、彼らは苦虫をかみつぶしたような顔をして私を追い越して行った。挨拶も微笑みもなし。私が挨拶を始めても、「そんな習慣、ここにはないよ！」という無言のメッセージが返ってきた。そういうシチュエーションに甘んじるのは私の好みではないので、今後もジョギングしている人、散歩している人、誰にでも挨拶をし続けることにした。初めは変化がなかったが、まもなく一人、二人と挨拶を返すようになった。三カ月もたつとほぼ三割の人が挨拶をするようになり、半年もたつと約半数の人たちが、今日ではほぼ八割が挨拶する。私は九割をめざしているが。

しかも、いつのまにかジョギングする人たちが互いに挨拶していることに気づいた。このように、ジョギングコースの雰囲気全体が一年内でかなり改善された。つまり、そんなことも可能なのだ。ただ、実際に始めなければならない。無関心と怠惰を克服する必要がある。自らの人生の喜びと気持ちのよさを分かち合いたくないと思う人はそれなりの結果を受け取ることになるだろう。

なんで自分一人が新しい態度をとらねばならないのか、などと思わないようにしよう。なにしろ、百人どころか千人の人があなたのように考えているのだ。その中の多くが、あなたとつきあえたらいいのに、喜びを分かち合えたらいいのにと思っているかもしれない。ただ他の人が第一歩を踏み出すことを皆が待っていたら、何も起きないだろう。待つだけというのはいい戦略ではない。そこで、そういった広い層の人たちとは違った行動をとろう。これからは、あなたが第一歩を踏み出して、その分のよき報酬を受け取るのだ。もちろん、ときにはネガティブなことも体験して不満に思うだろう。自分で作り上げた精神的監獄から出ようとしない不平家に出くわして、文句ばかり聞かされているような印象を受けたら、その人には以後構わないでおこう。そのような人はあなたと知り合いになる価値はない。あなたの新しい勇気と新しいリスクを引き受ける姿勢に意味を見出す人は、他に大勢いるのだから。

社会的行動の練習を通してスキルを獲得する。それは人生のどんなときにも使うことができる。失敗してもいい。欠点を認めよう。たとえ困惑するような状態に陥ったとしても、次回はうまくいくだろう。そういったできごとの大部分は、後になって振り返ってみると笑い話になり、友人たちにおもしろおかしく話せる日が来るだろう。あなたは他の人たちの手本となり、友人や知り合いを刺激することになるのだ。

私の経験では、治すことのできない心の問題が一つだけある。それは著しい消極性である。何一つとして試みようとしないなら、より良い人生についてのアイデアが実現できるかどうかも絶対に考えつかないだろう。おわかりのように、これまでしてきたことしかしない人は、これまで得たことのあるものしか得ないのである。しかし、今あなたは何が課題かを知っている。それは、魅力たっぷりの快適ゾーンから脱出することである。

特に、次のことを考えてみよう。新しいことを試した後に起こり得る最悪の事態とは、あなたが本当に望んだことが実現しなかったということだろう。だが、**それは単に今と同じ状況である。**だから、最悪の事態とは、「何も変わらなかった」ということになる。もしそれが最悪のことだとすると、あなたが失うものは何もない。それどころか得るものはたくさんある。そして、行動する決断をするのは他の誰でもない。こうしたテーマの本をあと二〇冊読んだとしても、決断をするのはあなたである。

考えることは、人間にそなわったすばらしい能力であるが、行動なしでは、人はわずかしか変化しない。ペットのハムスターが走り続けるような回し車を頭の中に作らないようにしよう。そのように思考と空想を続けるだけでは、日常生活にプラスになるような実際的な結果は出ないのだ。なぜなら、実際的な結果こそが重要であるから。必要条件は、あなたが最小限のリスクを負う用意があるということだ。

もしあなたが何度か行動に出たなら、「幸せの循環」は自動的に動き始める。すなわち、練習すればするほど手際がよくなり、魅力的な自分になり、成功するだろう。うまくなればなるほど満足感と成功が手に入るだろう。そうなればまたいっそう頻繁に自分の新しい態度を示すのが楽になるだろう。そのように循環していくのだ。より大きな満足感と、一段と深い人生の喜びが、あなたの受け取る甘美な報酬である。それをやり始めるための最適日は今日なのだ。

4 ✶小さなステップを歩む技

計画を立てる際に、スケジュール（いつするか）と優先順位（どの順番でするか）を考えなければ、最適な計画や最高の意図も具体的な結果が出ないままで停滞してしまう。人生で大きな計画を実行しようと考えていても、初めてのヒマラヤ登山のように複雑で困難なことに思えるだろう。新しい計画を始めたくても数日間では実現できない。たとえば、会社の設立、家の修復や建築、恋人の獲得、禁煙、新しい職場探し。そのような計画は、一目で見える一歩ずつの段階に小分けする必要がある。

「一頭の象を食べるにはどうしたらよいだろう？」答えは、「一切れずつ！」

たいていの場合、大きなプロジェクトがあれば二つのことをしなければならない。一つ目は、計画のために暫定《ざんてい》的な順番を決めること。要するに、最初にしなければならない最も重要なことは何かを決めるということ。そして二つ目は、どれほどの時間が必要かをはっきりさせること。

【何を優先させるかのはっきりしない計画や、明確なスケジュールのない計画は、計画とは呼ばない】

誰かが「いつかそれをするつもりだ」とか、「時間があるときにするわ」と言ったとしたら、それは計画ではなく、決して実現しないことだとあなたにはわかるだろう。また、多くのすばらしいアイデアやプランが挫折するケースでは、重要な面がたいてい忘れられている。悪い習慣が人生に忍び込んで、計画の実現や成功を妨害しているかもしれないのだ。そのことについてじっくりと考えてみる必要がある。

仕事が終わって、ガールフレンドや仕事仲間と飲みに行く習慣があるとしよう。しかし、同時にサイドビジネスのための勉強を始めた。夜、集中して本を読んだりする時間が必要だ。そこで、ガールフレンドや仕事仲間とのつきあいはしばらく二の次にしなければならない。彼らにサポートを求めることもあるだろう。もしくは、手助けを求めることもあるだろう。そうしないことには、あなたの目標は達成が危うくなる。

たとえば、禁煙したいとしよう。タバコは健康を害し、お金もかかる習慣だとあなたにはわかっている。そこで、買う回数を減らしたり、チューインガムをかんでみたりするが、それで事が片づくわけではない。社会生活の習慣を変えることが少なくとも同じくらい重要なのだ。たとえば、煙で充満した飲み屋や、一般的にタバコを吸う人の集まるような場所を避ける。食後の「消化のための一服」を止めて、ビタミン入りのドリンクを飲む。タバコの自動販売機から遠く離れた公園などを散歩する。あなたの住まいでタバコを吸いたい人がいたら、ベランダで吸ってほしいと丁重に頼む。

もしあなたが恋人募集中ならば、夜の自由時間、いつものようにテレビの前で過ごしたり、自慢のコレクションをためつすがめつ眺めてばかりいるのではなく、人との交際やパーティーに行くことが不可欠になるだろう。

次ページのような表は役に立つ。

いずれにせよ、手帳に予定やアポイントメントを(個人的な件も含めて)記入しなければならない。そうすればものごとは具体的になって、処理可能になるだろう。そして、寄り道が少なくなり、怠惰になりにくくなって、首尾一貫した姿勢を保つことができる。しかし、どんなに計画を立てていても、避けられない急な事態は起きる。実際の人生では必ず予定外の問題が起きるし、前に立てた予定よりも時間がかかったり、複雑だったり、さらに多くの困難を克服する必要が出てくるだろう。

しかしそれでも、あなたはこのプロセスを通して計画の全体をコントロールできていることになる。何の準備もなしにしているのでもないし、「とにかく今すぐしなきゃいけないことは？　そもそも今、私は何がしたいんだろう？」というふうに行き当たりばったりに行動しているのでもない。そのうえ、二つの側面から計画に取り組めているはずである。つまり、目標のためにするべき事を小項目に分けて、小さなステップを踏んでいく。このようにすれば自分の行動は管理しやすい。

一方では自分の「習慣」づくりに集中する。そして、悪い習慣をゆっくりであっても着実によい

（例）最上位目標《マイホームを建てる》		
	することはたくさんある。私はこうして始めよう	新しい習慣
第一週目	家の建て方の説明会やセミナーに参加の登録	ストレス解消と体調維持として、週に2回ジョギング、水泳、サイクリングなど
第二週目	＊気に入った家のモデルハウスを見る ＊友人たちに有能な建築家のことを尋ねる ＊建築にかかる予算はどうするかを考える	毎日少なくとも1時間、新しい計画のために時間をとる
第三週目	＊会社や銀行の経理部にローンを組むことについて尋ねる。いろいろなコンタクトをとる ＊税金はどうなっているかを（税理士に）尋ねる	これから先、仲間といつもの店に行くのは1週間に一度にする

習慣と入れ替えていく。そうすれば、目標に早く効果的に到達できるだろう。この後者の観点はほとんどの場合忘れられているが、同じくらい重要である。この戦略は首尾一貫した方法なので、長い時間がかかっても変わることなく、問題も生じない。

このあたりで、あなたは内面の独り言がどんなに重要かすでに気づいたのではないだろうか。この時点で、ある「非合理的思考」があなたの頭の中に現れる。決断とは壮大な結果を伴うようなものでなければならない、と思いがちになるのだ。すなわち、決断したことがそれほど意味のあるように思えなかったり、緩慢すぎると思えたり、もしくは、あなたが考えている大きな目標の前では取るに足らないように見えたりすると、「こんなことをやっても別に何の意味もない」「たったこれだけじゃなあ」「これをやってもあまり成果がない」と、その一つ一つを行動に移すことを再度延期する。このような考えは、私たちが自分で仕掛ける罠である。

小さな決断や変化のもたらす効果を過小評価しないようにしよう。小さな決断のほうがするのも易しく、早く実行できる。障害物や抵抗も少ない。首尾一貫した姿勢を保ってさえいれば目標に近づく。たとえば、やせるために何度もトライしたダイエットについて考えてみよう。一日にたった五〇グラムしか減量できないとしても、週に三五〇グラム減らすことができる。一カ月で約一・五キロ、一年で一八キロだ。これは大部分の人にとって驚くべき減量だろう。毎日、取るに足らない五〇グラムでいいのだ！　この例は人生の多くの分野に当てはめられる。新しく外国語を学びたい人は、同じ原則にしたがって、一日に三つの単語を新しく覚えることができるだろう。この方法だと、ストレスの多い生活をしている人も、外国語の才能の乏しい人も、必ず成功するはずだ。着実に続けると、一年に千語の単語である。それだけ知っていれば会話も可能だろう。

小さな決断と行動でも、ある一定の期間後には大きな結果が見られる。あなたが今日送っている人生のこの時点も、実は過去のたくさんの小さな決断を通して得た結果なのだ。たくさんの小さな決断と行動があって、大多数の成功と幸福は実現する。だから、決断をする段階では、「目を見張るような、すばらしい結果」が今すぐ現れることを考える必要はない。

5 ＊ 失敗への讃歌

私たちの好き嫌いは多くの場合、失敗とかなり特別な関係にある。失敗と欠点に注目しすぎて、他の面には何にも目が行かないときもある――失敗だけに目を向ける人は幸せになれないのだが。このシステムはすでに学校の頃から始まっており、「名手になろうとする者は幼少から修練を積むべき」と教わる。しかし、この修練は教える側からの奇妙な精神的処罰と結びついているので、楽しく練習してトライするだけでは認めてもらえないことを子供はすぐに知る。教師がこの段階で子供を感情的に罰する可能性は高く、眉をひそめたり、けなす態度をとったり、無視したりする。

このように、処罰は子供の努力と教師の間にこっそり忍び込み、失敗は望ましくないということが無意識に伝達される。新しいことを楽しくトライすることは奨励されない。子供は何にでも、できるだけうまくいくようトライするのだが、多くのことを実行すれば失敗も多い。大部分の教師はそれが気に入らない。この不満も、教師は子供に言葉で伝えるか、言葉にせず表情や接し方で伝える。その段階で、子供たちにはミスすることを恐れ、安全でないと不安だというメンタリティーや、悪いことは他者のせいにする習慣のルーツが生まれる。「私ではない。それは他の人のせいだ」の生き方をマスターするのに時間はかからない。

子供は、学ぶという作業を楽しいと感じ、精一杯トライするのだが、「自分にはどこか間違ったところがあるのではないだろうか。私は失敗をするだけではなくて、私自身が失敗そのものなのだ」というふうに根本的な感情の不安を体験する。子供は、学ぶ取り組みにおいての失敗と、人間としての価値を区別して考えることができない。ついでだが、大人だってそれができないでいる。

多くの場合、教師は子供が算数の答えを正確に出したか、正しく書いたかというような単なる解答だけを引き出したいと思っている。そして、間違いは教師自身のミスであるというふうに受け取る。なぜなら、教師自身が子供だったころ、何かがうまくいかなかったときに、自分が教師や親からの微妙なあるいは公然の脅しに苦しんだことを忘れてしまっているからである。

本来ならば、子供たちには自分たちのまわりの世界を創造的に探究しよう、いろいろなことにトライしようと際限なくあふれ出る欲求があるから、すべてうまくいくはずなのである。彼らは生まれつき好奇心旺盛なので、それなりの環境を与え、刺激してあげれば、自然や世の中の機能している仕組みを知りたいと思うだろう。また、難問に何時間も熱中するだろう。そして、自分で解答を見つけたときの喜びは非常に大きく、純粋な歓喜の表情がそのまま子供たちの顔に表れるだろう。

算数の解答だけでなく、子供たちの顔を輝かせる歓喜の表情を評価する点数がないのは残念なことだ。きわめて重要なこの種の評価は、一般に最初から排除されている。教師たち自身もすでに、「〝失敗はよくない〟と信じるための洗脳」を子供のときに体験した。彼らもそれを好んだわけではなかったのだが。しかし、彼らとしてはそれを学校制度の一部と見なしており、従わなければと思っている。彼らの大部分は、それについて考えてみようとはしないだろう。長い歳月に培《つちか》われた職業的ルーティンが原因で、考え方が歪み切っているのだ。そのせいで子供たちに対して他のことを望みもせず、することもできないのだ。

失敗に対するこのような奇妙な態度は、人が職業生活を始めるころになっても続く。新入社員はキャリアを積みたいと思っても、はじめのうちは新しい環境で不安に感じるのは当然だ。多くの企業は新入社員に対して外面ではこう求める――よく考え大いに行動する社員であってほしい。経営者と同じように仕事について考え、リスクを負い、自ら判断をしながら行動してほしい、と。だが、失敗などとんでもない。突然、会社側の要求はどこ吹く風となる。普通、失敗はあちこちで容赦なくマイナス評価される。昇進したかったらとにかく失敗は許されないのである。

やがて新入社員もこの仕組みがわかるようになり、それにしたがって行動する。リスクは負わないで、すべてメモにとっておいて身を守る。そして、自分の立場を正当に証明できそうな人がいる場合にのみ行動する。決断は危険を伴い、重要な決断は必ず危険と結びついているから、決断をだらだらと後回しにして避けたり、何か他の方法を使って延期したりする。そして、いつのまにか命令に従うだけの受け身的な精神が生まれる。そこにも多くの失敗はあるが、官僚主義的に身の安全は守られており、失敗の責任をとる人など一人もいないので、もはやそう簡単に汚名を着せられることもない。

しかし、この種の会社にはすばらしい将来もないのだ。なぜなら、社員たちの信念はぐらついているし、フラストレーションがあるから。彼らには新しい顧客や市場を得ることなどできないだろう。先見の明がある創造的な会社では、失敗も必要だと見なし、処罰の対象ではなく、称賛されるべきことであるとされているものだ。

大体において解決法はたった一つではなく、ほとんどの場合いくつもある。それでも完璧主義者は、「たった一つの解決法しかない」とあなたに信じ込ませたがる。たとえば、完璧主義者の狭い世界観にあなたが同意しなかったとしよう。階級制度の下では、あなたの上に完璧主義者がいれば、その人はあなたを罰したいと思い、あなたを彼自身の考えの型にはめようとする。こうして、右へならえの事なかれ主義が生じる。それは、生産的なアイデアと成功を導く技術革新が育つ環境ではない。あらゆることは必然的に多くの失敗を伴うのに。

ファクス機の例を考えてみよう。それはシーメンス社の社員が発明した。しかし、その機械のもつ可能性はまだ知られていなかった。当時はテレックス機しかなかった。「ファクス機など誰が必要とするのかね？　テレックス機があるじゃないか」と、会社の誰かが言ったかもしれない。テレックス機は、巨大で、音がうるさくて、テキストが転送できるのみで、図面は送れなかった。当時、ドイツの経営者たちは、まさかファクス機がテレックス機に取って代わることになるなどと想像できなかったのだろう。日本人が特許を獲得したが、その後のことは説明するまでもないだろう。

一九八六年四月二七日の朝、ミヒャエル・スラデクは、南ドイツの「黒い森《シュヴァルツヴァルト》」にあるシェーナオという町の自宅でチェルノブイリの原子炉事故のニュースを知った。その事故をきっかけに、少なくとも自分の町では原子力発電による電気をこれ以上使うべきではなく、太陽熱や風力やバイオ燃料などの自然エネルギー発電による電気に変えようと、実行の計画を立て、周りに協力を求めた。しかし、チェルノブイリのニュースがまだ生々しいうちは賛同した大勢の人たちもそのうち、「電気に不自由しているわけでもないし、わざわざ変える必要もないのでは」と一人去り、二人去って、スラデクとその仲間だけが残った。

スラデクたちの計画とは、自然エネルギー発電の電気を引くために必要な送電網を彼の住む町の電力会社から買うことだったが、電力会社は彼に売ることを拒否した。結局、裁判で電力会社は売ることに同意はしたものの、その値段はスラデクたちにはとても払えないような高額だった。そこでスラデクたちは、「クリーンエネルギーを使いましょう。われわれ電力反逆児に協力してください」というキャンペーンを行ったのである。すると、たちまちドイツ中から彼らを支持する人たちの寄付が集まってきて、スラデクは必要なインフラを買う資金を得た。今日、シェーナオは原子力発電所にまったく頼らない町である。

オーストリア生まれのマリア・トレーベンは、身近にあるハーブにいつも興味を持っていた。ドイツのグリースキルヘンに移った後、彼女はその地方に見られるハーブの効用について研究した。「この地球という神様の庭にはどんな病気にもそれを治す薬草がある」と信じて。

やがて人々は彼女のところにアドバイスを求めに来るようになった。訪れる人は日増しに多くなるばかりだったので、誰もが読めるようにと彼女は自分の知識を本にまとめた。彼女が六八歳のときである。しかし、出版に興味を示す出版社はなかった。彼女には正式の学問に基づいた資格もなく、処方が有効かどうかの証明もないという理由だった。それでも彼女はあきらめず、出版してくれる出版社を探し続けた結果、ついにある小さな出版社を見つけた。本はあっという間にベストセラーになり、しかも何カ国語にも翻訳されて読まれるようになったのである（『薬用ハーブの宝箱』〔邦訳、西村サイエンス〕）。

さて、あなたは学校で受けた外国語の授業について覚えているだろうか。十数年間学校に通った青年が英語で話すのを耳にするたびに私は唖然《あぜん》とする。あの多くの英語の授業とは何だったのだろう？　外国語に対する言語的能力だけでなく、話し方の能力も磨かれなかったことは明らかである。「間違いを根絶しよう」の態度は英語教育においてもよく見られるが、完全に見当違いのアプローチだ。実用的な言語学習に必要なものは、集中的なコミュニケーションの練習また練習であり、長ったらしくて無意味な文法と闘って間違いをなくすことではない。多くの生徒は文法の規則を何か覚えていて、難しい文法内容をあれこれ述べ立てることはできるだろう。それにもかかわらず、というより、そのせいで言語について話せても、言語として話すことはできない。

創造的な人々は常に失敗している。それも次々に新しい失敗だ。だからこそ彼らは非常に想像力豊かなのだ。新しいことをほとんど想像しない人たちは失敗をあまりしないが、その代わり、概して同じ失敗を何度も繰り返す。そういう人たちはものごとの進行をルーティン化、儀式化している。そのおかげで彼らは失敗から大幅に守られているが、人生でもっと多くの幸せを得るチャンスを逃している。

人生において重要で大きな計画を実行する際に、完璧さの出る幕はない。大きな方針が軌道からそれないように注意しさえすればいい。人生における重要な決断は完璧でなければならないという考え方は、私たちを動けなくする。ちょうど水自体は私たちが生きるのに重要であるのに、化学的に純粋なH^2Oであるだけの水が私たちにとって有害であるように。完璧であろうと思うと、そのような状況下で私たちは麻痺状態にとどまり、進展を自ら遮断してしまい、自分自身と進展のなさに怒りを抱くのだ。

間違いと失敗は進化の足跡である。どちらも私たちの遺伝子の中に何百万年も前から引き継がれてきたものだ。もし私たちの先祖が常にものごとを試してこなかったら、そして危険をおかさなかったら、私たちの生存は決してありえなかっただろう。私たちはみな無数の失敗を体験してきた人類の子孫なのである。この進化で受けついだものを認識しよう。そのおかげで私たちは今日まで安全に生存することができたのだ。そして、将来もそれが必ず必要となるのだから。

失敗は友である。だから、友としてふさわしく扱おう。

第6章……障害物、自己妨害、罠

幸福をテーマにした本を読むのは、あなたにとってこれが一冊目というわけではないだろう。幸福をテーマにした本に比べると、「失敗」や「自己破壊」をテーマに取り上げた書物の少なさに気づかれたかもしれない。

昔からサッカーの世界では、「試合で勝つには、まず負けないようにしよう」と言われてきた。最もすばらしい計画や決意も実現がうまくいかず、ささいな障害物で挫折したら何にもならない。しかも自分自身が原因となっていることにも多くの場合、気づいていなかったりする。

新しい企ての始まりのころ、人はこのうえもない陶酔感に浸ることがよくある。新しい冒険が実際に始まり、何もかも、あるいは少なくとも多くの事が変化し、斬新な方法がとられた。ところが、数週間後、それどころか数日後にはもう最初の障害が姿を見せる。地平線に〝失望〟がくっきりと浮かび上がる。パートナーは心から協力しようとは思っていないようだ。上司はザワークラウト〔訳註・細かく切ったキャベツの塩漬けを発酵させた漬物。非常に酸っぱい〕を食べているような不機嫌そうな顔を始終している。なお悪いことに、忘れていたところからの請求書が送られてきた。トイレが故障して水が流れない。さて、どうしよう？　あきらめるか、耐えるべきか。

夢に集中し、明確な目標のある計画を立てたとたん、あなたは自分自身の不安と自分を取り巻く社会的環境の障害に直面するだろう。しかし、未知の道を歩むときにあなたが感じる不安定な気持ちは完全に自然なものであり、想定内のことでもある。愚かな人たちだけが疑問を持たないのだ。愚かな人たちにとってはむしろ、すべてがクリアで簡単である。彼らは自己を疑ってかかることもなく、自分に不都合な情報をすべて締めだすことにかけては名人芸なのだから。数学者でもあり哲学者でもあったバートランド・ラッセルは、そのような人たちについて次のように述べた。

「賢明な人たちは懐疑で満ちているのに比べ、愚か者たちと狂信主義者たちは常に自分自身を信じ切っている。そこに全問題が潜んでいる」

もしあなたが疑問を抱いているとすれば、幸運にも、あなたは愚か者や狂信主義者の群れに属していないということになる。あなたは有利な人々の側に属しているのである。だが、前に述べたように、外部からの障害もある。もし、あなたが自分の計画を口にすれば、彼らに尋ねたわけでもないのに次々と「改善提案」をしてくるなど、巧妙な手口であなたに影響を与えようとするだろう。なぜなら、彼らにとってあなたの新しい計画はとにかく著しく「迷惑」で、当然あってはならないものだったりするのだ。

あなたに影響を与えようとする試みは、社会的によく認められた仮面で巧みにカモフラージュされている。たとえば、「手助け」だ。「あなたの計画を実行に移す手助けを致します。仕事を見つけるお手伝いをさせてください。英語を勉強するお手伝いをします。少ない利子でローンを組むお手伝いをします」(低俗な新聞雑誌はこのような広告だらけである)。不動産業者は、あなたがアパートや家を探す「手助け」をする。

この「手助け」という言葉が、本当は何を意味するかおわかりのはずだ。この場合、手助けをしてもらって助かる人とは、まずあなたではない。それは主に「手助けをする人」のほうである。なぜなら「手助け」のルールを決めるのはその人のほうであり、彼らはあなたにお金を払わせるだけでなく、あなたに決定的な影響を与える。「手助け人」はうまくできた仮面をかぶっており、「お手伝い」「手助け」という言葉はすばらしく純粋なものに聞こえる。そして、あなたには積極性と勇気が必要であるのに、多くの場合、受け身の態度や依頼心のほうに気持ちが動いていってしまう。

ただし次の点を誤解しないように。当然、誰でも専門家の知識は必要だ。第一、私たちが使っている暖房装置やコンピュータや車を自分で修理しようと思ってもそれは無理だろう。そして、ありがたいことに裏のない正直な種類の手助けもあるのだ。あなた自身がしている手助けもきっとその種のものであるに違いない。緊急事態にいる誰かを、あなたは心から手助けしたいと思い、ごく自然に進んでそうする。その際、自分自身の損得とかは考えていない。ましてや、お返しを期待しているわけでもない。手助けをすれば気持ちがいい。それがあなたの得た報酬である。それで終わりだろう。

私たちには、病的なたぐいの手助けを見抜く目を養う必要がある。なぜなら、問題の解決とはまったく無関係か、あってもわずかな知識にしかならない手助けの申し出はよくあるからである。サッカーの大きな試合があるとき、どれほど多くの「自称専門家」が現れるか思い出してみよう。そこでは誰もが、実際のトレーナーより千倍も知っているかのような口をきく！

人間関係や精神的な問題の場合、この種の手助けの申し出は一般に、頼みもしないのに、あらゆる方向から自然発生的に現れる。自分こそが問題を解決する専門家だと信じている。自分で専門知識と信じていることを今すぐ提供して、「よきアドバイス」をしてあげたいと猛烈に望んでいる人は実に多い。私自身このような状況に出くわすことがある。実際の話、私の望む以上にいる。「手助けしてくれないほうがまだましだ。問題が今以上にややこしくなってしまう！」と、ぼやくはめになる。

私たちの新しいプランや問題がどこかまだあいまいではっきりしていないと、病的な「手助け人」がたちまち現れる。彼らは無意味でネガティブなコメントや破壊的なコメントをして、じょじょに私たちの自信と勇気ある決断をくじこうとする。この場合、彼らに悪意があるわけではないだろう。しかし、彼らからの、いわゆるアドバイスは無駄なのである。特に役に立たないし、役立つとしても、せいぜいその病的な「手助け人」自身に対してだろう。彼らはこう言う。「危険すぎるよ。しないほうがいい。きっとうまくいかない。だめだめ、できるはずがない」これらのコメントはどれも、まだましなほうかもしれない。

できれば、この種の破壊的な人生哲学を信じる人間からは距離を保っておこう。長期的展望に立ってみると、私たちは好むと好まざるとにかかわらず、自分たちの周囲の社会環境にある価値観と意見の影響を受けるという社会心理学的事実がある。だから、もし他の面で有効に使えるはずのエネルギーを彼らのせいで浪費したくなかったら、あなたは断固とした態度でいる必要がある。

「あなたのことが心配だ」という台詞を言う人も似たような仮面をかぶっている。あなたは自分が変わりたいという願望を述べた。夢があって、それをかなえたいと思っている。そのために努力をして実行に移し始めた。するとすぐに、あらゆる方向から異議を唱える人たちがやって来て、「あなたのことが心配だ」と述べ、差し迫った「危険」と称するさまざまなことがらからあなたを守りたいと言ってくる。それも説教口調で、思想家に見られるような深いしわを眉間に寄せ、「現実的に考えなよ」と忠告を与えるのだ。

次のことを考えてみよう。世界史上の偉大な人たちでさえ、彼らがアイデアを述べた当初は笑い者にされたのである。この本の始まりのところで述べた、ゴットリープ・ダイムラーと、カール・ベンツの発明した「蒸気エンジンと車輪」の例を覚えておられるだろうか。自宅の居間にいながらにして地球の裏側にいる親戚と話ができる小さな機械や、一秒に何億回も計算する機能を持った機械、数時間で大西洋を越えてアメリカまで飛べる乗り物。こういったものすべてが、かつてはどう見ても非現実的で、人々の不安を引き起こすものだった。こうしたアイデアの持ち主は、なるべく早いうちに、この「馬鹿げた考え」を止め、従来の考え方と世間が受け入れるようなパターンに即、戻って順応すべきだと思われていた。

もっと現実的になるべきだという人々の呼びかけと、彼らの「心配する」という行為とは、実は抑圧された恐れにほかならない。つまり、まさに自分自身の、退屈で不満だらけの人生を見るはめになることへの恐れなのだ。それには羨望も含まれている。「手助け人」自身、自分の人生で逃したチャンスのことで悔しい思いをしていることが多い。あなた自身の新しいプランについて知った人は、自分自身のルーティン的な生き方にあなたを引っ張りこもうとすることで、少しは気が楽になる。そしてこう言うだろう。「危険すぎるよ」「費用がかかりすぎるね」「難しすぎますよ」あるいは、「世間はどう思うでしょうね」このうち特に最後の台詞は広範囲で使われる傾向にある。周囲と同じようにふるまうべきである、わざわざ船を揺らすようなことをしないでほしいと言いたいのである。

他にもある心理的な罠にはまらないように気をつけよう。これは社会心理学で言う、「社会的期待に応じる傾向」である。これは、私たちは他者の聞きたいと思う内容を自ら言ってしまう傾向があるという意味である。要するに、本当は「ノー」と言いたいのに「イエス」と言う。もしくは、言いにくい事実があると、全体を聞こえよくするために回りくどい表現をしたり、人為的に技巧を凝らしたりして言い換える。その例はたくさんあるが、たわいない例をあげてみよう。

夕食に招かれたあなたは、脂《あぶら》ぎったポーク煮込み料理（あるいは、フリーダ伯母さん得意の豚モツ料理）を食べる気がしない。だが、丁寧に断る代わりに「いただきます」と言って、苦しい表情でモグモグ噛んで呑みこむ。こうして胃を虐待する。しまいには、自分自身と相手の人たちに腹が立ってくる。なぜなら、あなたはまたしても妥協したから。この夏買ったあのシックなパンツも、あのドレスもこれで再び体に合わなくなっただろうと思うと、怒りがこみあげてくる。再び無意味に高カロリーが蓄積されてしまった。ウエストはさらに太くなり、コレステロール値の上昇は免れない。

カップルの場合も同じ問題が起きるが、さらに深刻である。たとえば、彼女は彼のために、毎週土曜日サッカーの観戦に同行する。彼は、彼女もサッカーが好きだと思っている。しかし、そのことについて確かめたことは一度もない。彼女がいつもスタジアムでサッカー試合を見るという事実から、彼は彼で、彼女もサッカーに夢中なのだと決め込んでいる。何か不吉なことがそこに生まれる。つまり、彼女は何年も無感動のまま試合を見続け、不快であっても笑顔で応じてきたのだ。

だが、いつか雷と共に大嵐が来て、ドアは吹き飛ばされ、「真実」が浮き彫りにされるだろう。そのとき相手の人間は、この予期しなかった感情的爆発のすさまじさに仰天する。彼は目の前の状況からしか、ものごとの判断ができなかった。そう、これまで何年もの間、彼は何もわかっていなかったのだ！　注意不足から、何一つとしてわかろうとしなかった。このように、ささいな事もついには大問題に発展することがある。もし私たちがものごとを初めにしっかりと整える努力を怠れば、小さな蚊も簡単に巨大な象と化すのである。

1＊「扇動者」と「ニセ預言者」

新しく何かを始めようとしているときや、問題の打開策を求めているとき、自信を失う人は多い。すると先にも述べたごとく、ありとあらゆる怪しげな人物が匂いをかぎつけてやってくる。こうした連中は、自分たちのお得意先の感情的な苦痛と自信のなさを利用して金儲けをする。さまざまなコースやセミナーや自己啓発のグループは、短期間で解決が可能であるように見せかける。「近道」という魅力はまことに大きい。「もしかしたら私は長くて困難な道を歩まなくてもいいのかもしれない。私はたいした努力をせずに猛スピードで突っ走ってもいいラッキーな人間なのかもしれない」と彼らは私たちに本気で思わせる。

彼らが保証する内容はとにかくすばらしい。「週末だけの参加であなたの人生は根底から変わるでしょう」そこにはあらゆる物がある。占いの振り子が意味ありげに揺れ動き、数字占い、飲尿療法、石を使ってのヒーリング、星占いなど、何でもお好みしだいだ。私たちは何でも試すことができる。まとめて週末一〇回分の予約をすれば特別割引がもらえる。

しかし、週末の短いコースに参加して、感情に強く訴えるようなすばらしいセラピー効果があったとしても、その効果が長期間続くわけではないことは心得ておいたほうがよい。このような週末コースを終え、陶酔感に浸り、夢心地で家に帰る人はかなりいる。

ところが月曜の朝、その人は気づくのだ。朝食のシリアルに入れるミルクが古くなっている。職場に行く道はまたもや渋滞。上司は相変わらず不満だらけの顔をしている。要するに、日常の問題がきのう得た陶酔感を急激に冷ますのだ。まるで氷のかけらが夏の暑さであっと言う間に小さくなってしまうように。

セミナーがあなたに適したものであるかどうか知るには、次の二つの点を考慮しなければならない。そこで新しく得た洞察力や体験を**日常生活に取り入れる**ことができるだろうか。よい結果を生む解決法として精神的な問題点を改善できるだろうか。これらのしかるべき条件を、大いに懐疑的かつ批判的な態度でもって判断しよう。

今日の精神的ヒーリング関係の商品はとどまるところを知らず、その中の多くは見えすいた見せかけで、適当なでっちあげのようなものもある。単に流行のブームにのって楽々仕事にありつき、次の大きなトレンドが訪れるまでエネルギーをあまり消耗しないで多くの収益を望もうという手合いだ。このようなコースはいかがわしいと思えるだけでなく、内容や指導者の資格を尋ねもしないで無批判に甘い誘惑に乗る参加者の軽信さと単純さについても、不思議といえば不思議である。あなたもタロットカードの解読者や水晶セラピストになるための「職業訓練」を受けることが可能だ。見た目に美しい資格認定証も、もちろん安くはない受講費に含まれている。

ある技術者が橋を建設するとしよう。しかもその人は橋造りのマイスター（名匠）として世に知られているとする。私たちは彼の建設した橋の現物を見たり、耐久性を調べたりして成功かどうかの判断基準と照らし合わせることができる。もし橋が崩壊したら、しかも二度三度そういうことが起きれば、もう誰もその人に仕事を依頼しないだろう。このように、橋の建設者たちを判断する基準は明確で、成功か失敗か判断できる。

精神的ヒーリングの世界はそうでない。効果を客観的に評価できる普遍妥当性のある判断基準がないのだ。そこでその効果は、主催者が何を効果ありと見なしているかで簡単に定義づけられてしまう。セミナーの内容が悪いと見なされても、指導する側に原因があるとはされず、軽薄な内容のコンセプトが問われるのでもなく、またもや他者のせいにされる。つまり、「参加者がエネルギーを遮断したから。参加者のパワーが不足していたから」もしくは、「参加者がうまく集中できなかったから」というふうに。

参加者は気持ちが不安定で無批判であることが多いので、うまくいかなくても気にしない。次のセラピストのもとへ行くまでのこと、次のコースに参加するまでのこと。次の先生に会えばなんとかなる。今度はすべてうまくいくだろう……。

私が会った人の中には、何年も精神分析を受けて、セラピストに有り金をはたいたというのに、今なお精神不安定で不安感に満ち、生活能力がなくなった人もいる。オーストリアの作家カール・クラウスはそのことをユーモアたっぷりに表現した。「精神分析こそが病気であって、治療法ではない」

いわゆる道理をわきまえており、批判力も十分にそなえ、自己をしっかり意識している人たちであっても、単純な真理に対するあこがれや精神世界の最新トレンドのことになると、感情的に心地よいグループ独特の仲間意識も手伝って、批判能力をすっかり失ってしまう。最悪なのは、いわゆる自己啓発トレーニングだろう。開催者たちは昨今ブームの精神世界市場で特に高収益の期待できる、もってこいの客層を発見したのだ。派手な音響効果や騒々しい音楽やビデオの上映、コースの指導者はオーバーなジェスチャーで話し、会場をエネルギッシュに歩き回る。

そのような中、私たちは批判的でいようとしても難しいだろう。あなたもついに、やる気の「炎」を点火されずにはいられなくなる。もっとも、この炎は後で、日常に使おうとすると最初の風で消えてしまうようなマッチの小さな炎ほどのものであるとわかるのだが……。多くの場合、そのことに気づくのは、月曜の朝が来て、再び職場の事務机に向かったときだ。外は霧雨で寒い。未処理の書類が事務机の上からあなたをうらめしそうに眺めている、**そのとき**なのだ。

このようなエンターティナーまがいの先生方は、猛スピードで突進するサクセス重視の社会で燃え尽き症候群にかかった、信念のぐらついた人や弱気になった人をターゲットにおびきよせる。ときには千人単位で参加者が集まるこの騒々しい週末セミナーに参加すれば、やる気が起きますよと言うのだ。成功哲学の教祖様は、大型高級車で催し場に乗りつけたり、高級ブランド腕時計や、他にもこっちが恥ずかしくなるようなオモチャを見せびらかしたりする。彼らはとにかく目立ちたがり、自分が偉大である印象を人に与えようとする。それを受け入れるのは無批判で不安を抱いている人たちだけであり、彼らはいいターゲットになる。

偉大な人こそ謙虚であるのに、こうしたリーダーたちにはセンスのよさや謙虚さなどは見当たらない。彼らはまた、自分の収入がいくらなのかを機会あるごとに吹聴しさえする。「僕のほうがいいよ。大きいよ。強いよ。あたしのほうがきれいよ。僕のようにしてみて。そしたら僕のようになれるから」というわけだ。

一方、集団的なセラピーでなく、個別のセラピーを受けたいと思う人は、セラピーは際限なく続けても意味がないことをはっきりと知っておいたほうがいい。セラピストの財布をふくらませるだけ、ということにならないように注意しよう。

またセラピーは、支払う額の価値があるとあなたがはっきり感じるようでなければならない。あなたの子供時代の重要でもない詳細や、あなたが飼っていたカナリアとの実に複雑な関係をだらだらと九九回も分析したりしても、たいして助けにはならない。そして、セラピーにも終わりがある！　しかし、あなたがもうすぐセラピーを終えたいという希望を述べると、気分を害するようなセラピストもいる。そのような場合は、そのセラピストのもとでのセラピーを終えるときが来たことになる。もしくは、別のもっとよいセラピストを探すときが来たということだ。

2 ＊幸福の墓掘人——先延ばし病と完璧主義

「彼女は完璧になればなるほど、退屈な人間になっていった」

——フーゴ・コイファー（ドイツの作家）

さて、始めるときが来た。あなたはじっくりと考えた末に新しい決意をした。人生を大きく変えたい。友人たちや専門家たちとも十分に話をした。情報を集め、アドバイスももらった。優先するべきことや、日付を書き込んだプランも作った。もう「実際に」始めてもよいかもしれない。が、急に腹のあたりに変な感じがしてくる。本当に今がそのときなのだろうか？　リストのトップにある最も重要なこと。それを本当に今始めてもよいだろうか。どうも危なっかしい気がするし、何かがまずい。プロジェクトを少しばかり延期というのはどうかなあ。ローマも一日にして成らずだし。ストレスはごめんだ。確かに、チェックしたほうがいい情報がいくつかある。全体の戦略が十分に明確とは言えない。もっと理論的に考えてみたほうがいいかもしれない。そもそも急ぎすぎないようにしないと。明日もあることだし……。あっという間に、一日が一週間になる。一カ月が過ぎ、また一カ月、それから半年。まだ何も具体化していない。

このような流れがそれほど稀ではないことは誰にでも想像できるだろう。一般に、他人のことならばよく見えるが、自分自身のことになると本当に難しい。「先延ばし病」は非常によくある病気である。この病気は、いろいろな行動や、他に今すぐしなければならないことがあるという必要性や、先延ばしにするわけにいかない緊急な用事の背後にうまく隠れている。学生時代を思い出してみよう。重要な試験の前になると、「突如として」時間がなくなる。コーヒーをがぶ飲みして睡眠時間を削り、一日ですべてを頭に詰め込まなければならなくなる。

するべきことを回避する態度で、短期の応急措置をとるというパターンは多い。長期の満足と夢の実現というゴールのためには、限界、不便さ、不都合、不安も、ある期間受け入れなければならないのだが。

【夢を実現し成功する人間は、長期の大きな目標に達するために、短期の不都合を受け入れる】

たとえば、もしあなたが禁煙を決めたとしたら、すばらしい目標を選んだことになる。そのことからあなたは、長期の満足と健康と節約できた分の現金、それに口臭の軽減という贈り物を受け取るのだから。また、自分の相手は非喫煙者のほうがいいと思っている人と出会った場合、交際がよりスムーズにいくだろう。しかし、あなたがどれほどタバコ依存症になっているかによるのだが、短期間努力する心の準備が必要だ。要するに、タバコを吸う楽しみをしばらくがまんして、困難、不便さ、フラストレーションを受け入れなければならない。そうしてやっと「長期の利益」を得ることになる。長期の目標を頭にはっきりと描くことができたら、短期間のフラストレーションも構わないと思うだろう。そして、少々の妨害にも動じなくなる。

人はすぐに、「時間がありさえしたら、必ずするのだが」とほのめかす。これは聞こえのいい言い訳だ。そのようにして彼らの計画は、永久に来ることのないその日まで何度も延期される。時間は結局見つからないだろう。時間はあなたに見つけてもらうまであなたを待っているわけではないのだから。そこで、時間を上手に配分して、どのプロジェクトや計画を優先すればよいか決める必要が出てくる。

【「時間がない」ということは絶対にない。他に重要だと自分で見なしたことをしているだけである】

何かが、あるいは誰かが、私たちの時間を盗もうとする状況は日常生活において頻繁に生じる。あなたが時間泥棒を容認して、どう対処するべきかの戦略を考えていなかったら、きっと悩まされることだろう。だが、あなたが明確な戦略を立て、効果的な仕事のやり方を実践すれば、時間泥棒はいらいらして退散するだろう。

ところが、時間泥棒というのは退屈な平日におもしろい変化をもたらすこともあるものだから、それを歓迎する人もいるのだ。あなたが家電製品のセールスマン、保険の勧誘員をアポイントメントなしで受け入れたら、それはあなた自身の責任である。仕事中にフリーダ伯母さんや、ヘリバート伯父さんから、単におしゃべり目的の電話がかかってきても、話は一分以下にしておこう。そういった電話はあなたの自由時間に限られるべきだ。

最近では机の上のコンピュータも時間泥棒になってきた。「ちょっと五分だけ」と思ってインターネットのサイトをあちこち見て回るのも多くの人にとって大きな誘惑である。五分がすぐに二時間となる。そして職場で聞かれるのは、「時間が足りなくて」ストレスが増えたという話だ。

さて、ちょっと立ち止まって、次のことを考えてみよう。するべき決断を延期する傾向にあるのはどんなときだろうか。重要な計画に取り組もうとしなかったり、計画に必要な時間を費やそうとしなかったりするのはどんなときか。つまり、「先延ばし病」のウイルスを培養したり、時間を無駄に使ったりしたのはどんなとき？　そして、するべき決断のために、これからはその時間をどう使おうと思っているか。以上の中から今ここで、少なくとも二つの点を具体的に考えてみよう。

あなたの人生での何らかの行動に「延期病」という診断が下されたら、それに似た病気に注目してみよう。それは、条件が「完璧」でないと新しいことに着手できない、という融通のきかない考え方である。「完璧病」の人たちは実際に何かを始めようとするたびに、実行するための情報が不十分であることに気づく。始めるための条件はもう少し待てばよくなるに違いないから、条件が完壁になるまで待つべきだと〝気づく〟。また、完璧主義者は、「情報が十分にそろっていない」という論拠の背後に好んで隠れる。実はこの論拠は、決断を再び延期するためのよくある口実でもある。

決断には必ずリスクが伴うことを完璧主義者は知っているのだが、彼らは魔法のような考え方をして、自分のケースは例外なのだと思い込み、必要が生じればそのうちリスクを本当に全部取り除くことができると思っているのだ。しかし、またもや当然の帰結として、最後の瞬間に決断や積極的な行動を拒む。なぜなら、「まだ残っていたリスク」を発見してしまうから。そこで彼らは、もっと論理的に考えたり、じっくり考えてみたりする必要があるはずだと思う。「情報が十分にそろっていない」という台詞はさしあたり真剣で重要そうに聞こえる。

しかし、現実の生活では残念ながら、必ず何らかの情報が欠けているものである。したがって人々は、待ち、ためらい、延期する。そして、自分たちはどうしてもこの「あと一つの」情報が必要であり、決断するには「今のところ」まだ難しい状況にあるという理由をあげて、行動しないことを雄弁に正当化するのだ。

これを実際の生活にたとえてみよう。

作家志望の誰かさんはキッチンのテーブルで待つ。書くための余暇ができ、創造の情熱が火山のように爆発して、ノーベル文学賞候補になりそうな文章がペン先から溶岩のように流れ出すまで。しかし、あいにく、なかなかそうはならない。

「まあ、ともかく三杯目のコーヒーを飲むとするか……。くそっ！　ゴミを外に出さないと。ゴミが匂う。くさいと考えが浮かばない。悪臭は考えるプロセスの邪魔だ。ところで郵便はもう来たかな？　今日はどうして遅いんだろう？　その前にあいつに電話をかけるべきだな。何か話すことがあったような気がする。朝刊もまだ読んでない。情報を集めておかないと。新しい情報は取り逃してはならない。それから、何かちょっと口に入れておいたほうがいいだろう。さて、朝が過ぎ去ったというのにまだ何もしていない。しかし、これは外から邪魔が入ったせいだ」

これが、ある作家志望者のすばらしい生産性ある一日の始まりである。

同じく、新しい商品を売り出そうと考えている企業家を想像してみよう。

その企業家は、銀行が申し分ない好条件を申し出てくるまで待つだろう。つまり、銀行から、「資金の融資はぜひ当行にさせていただきたい」と、脅迫と言っていいような依頼が来る日まで。しかも理想的条件で。新しいオフィスの立地条件は申し分なく、しかも家賃は最下価格。少なくとも一年、家賃は無料……。

「変だなあ。家主は理解してくれると思ってたのに、強情でこっちの言うことを聞いてくれない。しかも、前金まで要求してきた。銀行は冷たいし、好条件を出すつもりもないようだ。ならば、もっと待つほかかない……。

客はこの新製品を買うために、店の前に長い列を作って辛抱強く並び、高くても喜んで買うはずだと思っていた。だけど、おかしいなあ。品物を見た客は感動したようすでもない。しかも値段を他のと比べて、私たちの競争相手から買っているじゃないか。これ以上の行動は延期したほうがいいだろう……。

条件が自然に改善するまで待つことにしよう。景気がよくなるまで。利息が下がるまで。ドルが上昇（下降）するまで待とう。親戚じゅうが私たちの計画に同意して、無給で店員の仕事を引き受けてくれるまで待とう」

パートナーを探す際もこの理論が応用される。理想の男性（女性）に出会っても、あなたは状況が完璧になるまでコンタクトをとるのを待つ。彼（彼女）がはっきりとあなたに微笑みかけるまで。話しかけてくるまで。相手がコンタクトをとる行動に出てくるまで。そういったことが起きるまで、あなたはうつむいて床を見つめたままだ。もしくは、どこか他のほうを見て忙しいふりをする。目の前に話しかけたい人がいても、「この時点でこちらから微笑みかけるのはリスクが大きすぎる。そのうち。もっとよい機会があるはずだ」。

しかし、突然、理想の彼（彼女）が姿を消す。群衆の中に紛れ込んでしまった。隣のテーブルにいたのにもういない。他の人が現れて、あなたがしようと思っていたことをした。つまり、他の人が機会を盗んで彼（彼女）と会話を始めたのだ。

あなたは一時間ばかり、二メートルほど離れたところに腰掛けて、あれこれ空想していたのだろう。残念ながら、行動に移していたわけではなかった。もっとも、誰にも聞こえない独り言は言っていたが。「彼(彼女)に話しかけるべきだろうか。もっとよい機会が訪れるまで数分待とう。彼(彼女）は何か注文しなかっただろうか。だったら、もう少し待ってもいいだろう。まず落ち着かないと。今自分はナーバスになっている。もし断られたらどうしよう」「私の髪型は似合っているかしら？　お化粧はいいかしら？」「他人の目にどう映ってるだろうか」

このような思考が脳の中で、ハムスターの回し車のようにガラガラ全速力で回っている。しかし、そのとき、前ぶれなしに彼（彼女）は立ち上がり、消えた。その瞬間、あなたは固まってしまう。自分自身を呪い、世の中を呪う。大いに不満を抱き、自分の勇気のなさを悲しむ。嘆き悲しむばかりの思考がはびこる。

ちょうど、おいしそうな葡萄《ぶどう》に手が届かず、「あれはすっぱい葡萄だから」とあきらめるキツネのように、あなたは今、状況を都合よく解釈し直す。たとえば、「結局のところ、彼（彼女）はそれほどハンサム（美人）というわけでもなかった」「次の機会か、そのまた次の機会まで待つことにしよう」「来週まで」「三カ月後まで」「クリスマスまで」。

この考え方は特にインテリのあいだでよく見られる。「現在の時点では予定の行動をとるには状況がよくないから、好むと好まざるとにかかわらず全部の予定をちょっと延期する必要がある。まず、もう一度徹底的に考えて、理論的に固めよう」

勇気と決断力が要求されるときに、受け身で臆病になり、仰々しいインテリ言葉を使ってごまかす人は多い。状況を言葉でぼかし、起きていることを他人の責任にしたり、「不都合な状況」に責任を押しつけたりする。

私は次のことを確信している。もしも、人がいつも「適切な」もしくは「理想的な」条件を待っていたとしたら、世界の文学作品の多くは決して生まれなかっただろうし、大部分の企業家はすでに倒産してしまっていただろうし、発明もなかっただろう。愛をつらぬいたカップルもそんなにいなかったことだろう。

【「適切な状況」や「理想的な状況」など実際には決してありえない。そのような状況を待つのは単に時間の無駄である】

状況によって生じたチャレンジを受け入れ、好機をつかみとることのほうがずっと重要である。たとえその好機が本当にささいなものであっても。私たちの世界は理想的でも完璧でもない。だから、理想的な条件もきわめて稀なのである。

時間的ファクターを考慮に入れれば、さらにたくさんの問題もうまく解決できるだろう。私たちは限定された時間の中にいるので、この「好機という窓」は、今は開いているとしても再び閉じてしまう。前述の例で述べた、理想の男性（女性）が隣のテーブルにいるという例について考えてみよう。そのチャンス（まさしくその人と出会うチャンス）は、一生のうちでたった一度しかないかもしれない。そのチャンスを活かすかどうかは、あなたしだいなのである。

こういった時間的制約はよくある。だからこそ、計画作りと情報集めにあまりにこだわりすぎることなく、目の前に現れたチャレンジにさっさと挑むことが重要なのだ。さもないと、計画の結果を得るという本当の目標には決して到達しないだろう。一生計画を立て続け、慎重に考慮し続け、待ち続けるだけの人もいるのだ。

また、安全が保証されていないと気のすまない人たちもいる。彼らは、ひたすら待ち続けるだけの人たちや完璧主義者たちと精神的につながった仲間であり、彼らの要求するものは完璧主義者より多い。新しい行動をし、新しい計画を立て、他の町に引っ越したり、新しい恋愛関係を求めたりするのだが、ただし初めからうまくいくことが約束されていれば、の話だ。「このダイエットを実行しよう。ただし、まず一〇キロの減量と、次に二度と体重が増えないという保証があれば」

この人たちは株を買うのも好きだ。しかし、株が一カ月で倍になるという保証があれば、の話である。彼らはまた就職セミナーなども進んで受けようとする。しかし就職の結果サラリーが倍増して、終身雇用を約束してもらえるという条件の下でだけ。このような人たちはえてして、始めてもいないうちから計画がうまくいくという確実性を求めるのだ。「リスクを負う？　とんでもない。だって、これは失敗に終わるかもしれないじゃないか」と。しかし、世界の全歴史から見ても、芸術、事業、科学、文学分野の活動で、高いリスクを伴わなかった例など私は一つも知らない。

安全が保証されていないと気がすまない人たちが最も嫌うものは「失敗」である。ところが、常に受け身で、もっとよい時期が来るのを待ち続けているものだから、不安は深まり、才能は伸び悩む。それに、フラストレーションに対する忍耐度はゼロに近いので、まさしく最も恐れている結果になる。すなわち、失敗だ。

しかし、失敗だけはどんなことがあっても避けたいから、彼らは人生をいわば逆戻りして幼児のように甘えていたいという態度をとるようになる。その根本では、努力をせずに安楽に生きる権利を要求しているわけである。失敗もリスクも人生にはつきものだが、このような人たちはそれを受け入れない。長い間このような態度をとっていると、自分は不幸だという意識をはらんだ精神の悪循環が始まり、それはひどく有害であり、しまいには敵意に満ちた攻撃性と深い絶望の入り混じったものになる。

私たちはみなストレートに夢をかなえたい、成功したいと願うものだ。しかし、回り道をして、穴ぼこをいくつも回避したり、途中で障害物を取り除いたりする必要があることで、非常にたくさんのことを学ぶことができるのである。

能力はそのようにして強化される。新しい計画の初めからすべてうまくいくという保証があるとしたら、目標到達するための努力をあまりしなくなるのは当然で、その場合、あなたの生命のモーターとエネルギー生産は小さな規模でしか動かなくなるし、感動もないだろう。感動とは、ある企ての下に自分自身を本当に出し切って、感情面でも満たされたときに自分の内からほとばしり出るものなのだから。さもなければ難題に出くわしたとき、自分の個性が成長する可能性もなく、甘えているしかないという破滅的な態度を育むことになる。

【人生で最大のリスクは、リスクを全部取り除こうと思うことにある】

もしもあなたがリスクをすべて取り除こうと思っていたら、あなたの人生は間違いなく、喜びのない、荒涼とした、つまらないものになるだろう。たとえあなたが計画のために注意深く、長期にわたって準備したとしても、リスクはいつもある。だから、完璧主義者になろうとせずに、ただ、すべきことを実行していこう。

3★比較について――幸福を見当違いの場所で探す人々

「他者との比較は幸福の終わり、そして不満の始まり」　――キルケゴール

ハンブルクのニュース雑誌「シュピーゲル」に、ルフトハンザ（ドイツ航空）の機長は年収一七万ユーロ〔二五〇〇万円以上〕を得るという話が乗っていた。それに含まれる夜間勤務と特別手当の分は非課税でもある。実にかなりの額だ。しかし、私たちの命を預かる機長さんがたなのだから、まあそれでもいいだろう。彼らは目的の空港を奇跡のような方法で見つけ出す。しかも、いつも時間通りに。また、私たちが内心ひそかに押し殺している恐怖の墜落への懸念も現実化することなく、彼らのおかげで航空機はスムーズに滑走路に直陸する。その度に私たちはホッとする。航空機の操縦が簡単ではないことは確かだ。それは私たちも承知している。だからこそ航空券に大金を進んで払っているのだ。当然、その中からパイロットの給料も支払われているのだろうが。

ま、ここまではいいとして、実はルフトハンザの機長様がたの集合的無意識の内は、火山の中のようにカッカと煮えくり返っている。彼らによれば、前述の額はあまりにも少なすぎるらしい。むろん、この理屈は他の団体や組合の言い分を聞くとよくわかる。たとえば、桁《けた》外れに重大な責任としての高度な訓練があるだろう。緊急事態の際にちょっと道の脇に停めるなんてわけにはいかない

し、ストレスもあるだろう。不規則な労働時間、言うことを聞かない乗客、超過勤務、即座の決断力（特に緊急事態があれば）。しかし、最も重要な論点は次の通りだ。

「他の航空会社の同業者はもっと多くの報酬を得ております。故に、我々は実に遺憾ながら、この状態に甘んじているわけにはいかないのではないでしょうか（正当性を重んじる我々はとてもではありませんが、これに耐えられないのであります）。我々は決して欲深くありたいわけではないのですが、三〇パーセント賃上げしていただきたい……」

さて、不幸はそこから始まる。それは後にかちえた増収のこととは完全に別問題である。王侯貴族が得るようなその給料は、職業を持って収入を得ている平均的な人にとっては夢のような額なのだが、突如として彼らには「あまりにも少ない」と不平を言いたいほどのわずかな額に思えてきたのだ。さらに悪いことに、いくつかの重要な点を忘れている。すなわち、航空機を操縦するという喜びがあり、乗客のために大切なサービスをしているという満足を感じることもでき、外国や異文化について知るチャンスや旅行という特典まであり、おまけに驚くような高額が支払われている、といったことだ。彼らの認識は貪欲さのあまりトンネル的視野にまで狭められ、給与明細だけを見ている。もっと欲しい、もっと、もっと。仕事への喜びと感動はもう出る幕がない。

何が起きたのだろうか？

高収入で、年金も楽々暮らせる額であったルフトハンザのパイロットたちは羨ましさから、他と比較し始め、当てる「焦点」が違ってきて、異なる世界観を持ち始めたのである。ルフトハンザよりも少ない収入のパイロットたちは、大いに関心を持ってこの成り行きに注目した。彼らとしてはそれを楯にとって昇給を要求するだろう。そうなれば、ルフトハンザのパイロットの収入は相対的には再びランクが下がることになり、同じ駆け引きゲームが再び始まって、がむしゃらな競争は限りなく続いていくのだ。「三〇パーセントも増えた分で何が買いたいっていうんだ。三台目それとも四台目の車？　もっと大きい家か？　それとも世界一周の旅？」と、部外者である人たちは単純な疑問を抱くだろう。

要するに、十分に持っていても、**そのことを知りたくない**のである。このような理由づけをすると不満はずっと続いていく。次の原則を理解することが重要だ。

【人は自分が持っているものを楽しむ代わりに、持っていないものに焦点を当てて怒る】

私たちは誰でも物質や非物質のすばらしいプレゼントに取り囲まれている。あなたは美しい庭を所有しているかもしれない。幸いにも愛情ある人間関係があり、優しい子供がいて、おもしろい仕事や趣味があり、健康かもしれない。あるいは、ここに述べたうち複数のことがあなたに当てはまるかもしれない。しかし、「焦点」を変えて他と比較すると、羨望によって幸福の喜びを壊すことになってしまう。それは攻撃的な敵意にもなる。

ところで、羨望は口臭に似ている。口臭があるのは常に他の人で、自分には絶対ないと思うようなものだ。また、羨望には、根本的に限度を知らないという厄介な特色がある。私たちが羨ましいと思う諸々の物は「埋め合わせ」としての対象物であって、決して私たちに満足をもたらさない。

羨ましがる人たちの根本の気持ちは、これで十分だと絶対に感じないことである。

絶えず「いつも不十分だ」と感じる気持ちは、実はもともと非物質的なことに関係がある。たとえば、両親からの愛や自己の価値への評価である。だから、この気持ちは決して物質では満足が満たされないのだ。羨望する人たちは、隣人の乗っている高性能の車を何が何でも欲しいと思う。だが、手に入れても短期の満足が満たされるだけだろう。その後は再び同じ状況になる。彼らは再び欲望の中心となる次の対象物に夢中にならねばならないのだから。

いつも彼らは、幸せが存在していないところにいる。やがてまた怒りと羨望の気持ちで一杯になって、「焦点」を当てることのできる新しい対象を見つけるだろう。こうしてこの悪循環は永遠に続くのだ。

私はここで、あなたに禁欲生活の実践と楽しみの放棄を勧めているわけではない。たとえば私も旅行が好きだし、アジア料理の店でおいしいものを食べるのが好きだ。しかし人生は一般に、意識して幸福に焦点を合わせて近づくことのできる人たちに無制限の喜びとポジティブな驚きを提供するのである。

私たちは、お金がかからないか、かかってもわずかというような多くの小さなことに喜びを感じることができる。道端に咲く美しい花、子供たちの無邪気な笑い声、深い感動を与えてくれる音楽、青々とした丘と透明な湖を臨む壮大な風景。また、山頂めざして汗をかきながら登る道、難しい仕事を自ら成し遂げたときの喜び。気の合う人との親密な会話の後の深い満足感もこのカテゴリーに属している。しかし、私たちはそうしたものを楽しんだりしているだろうか。なぜこのようなことをもっと頻繁にしないのだろうか。

市場経済の原則から考えれば、お金が必要でないか、必要だとしてもわずかである幸福の源泉に対する要求は、本来ならば相当大きいはずだ。ところがこの場合はそれが当てはまらない。お金がほとんどかからないにもかかわらず、右にあげたような幸福と喜びの瞬間を求める人は意外に多くない。なぜなら、**私たちは探しているものだけしか見つけることができない**からである。そして、私たちは幸福を見当違いの場所で探している。崇拝の対象になっている物質的な富、ステータス、権力を貪欲に求める。しかしそうすれば実際には、私たちの内面の空虚さや、私たちの心をむしばんでいる不満は反対に前より大きくなるのだ。意識してちょっと立ち止まろう。もっと頻繁に焦点を内面に向け、心の底から本当にほしいものは何か自分自身に尋ねることは、きっとあなたの無意識を健全なものにするのに役立つだろう。答えはほとんどの場合、物質的な物を超えたところに見つかる。

4 ✶ 知識と行動を隔てるギャップを超える

私たちはみな、多かれ少なかれ頭の中に深いギャップを持っている。それは不幸なことに、知識と行動とを隔てるギャップである。一方にはよい意図と深い知識があり、もう一方には実際に貫徹しようとする行動意欲があるのだが、その間にはあいにく、あまりにも驚くべき矛盾が多い。

まず、ニセ知的扇動者タイプを例にあげよう。このタイプは、悟りを開いたようなすました顔で、「私はすべて知っている」と人に思わせようとする。この種の人たちは非常に魅力的に見えることがある。そして表面的には人を魅了するような話をして聴衆を楽しませるだろう。その話の内容は、男女関係に関する心理学的理論の最新情報だったり、コンピュータのＯＳの使い方の詳細だったり、もしくは画像編集の技術に関することかもしれない。いずれにせよ、その人は何かに精通しているらしいのだ。

この種の人たちはまた、「もちろん自分は経済的に成功している」ことをさらりと述べる。「私の車は普通なら、これこれの価格だったんだけれども、とてもいいコネがあって、うまく交渉できたから半額で買えたんだ」と。また、彼らには次のような行動も見られる。テニスを習ったばかりなのに、さらに下手な初心者を探し出して、聞かれもしないのにもっともらしいコツを押しつける。

こういう人たちが批判性を欠いた環境で行動し、あることに関してこの人たちより精通している人がいない場合、彼らは最高の条件を得たことになる。実は彼らの中には個性のなさとフラストレーションの体験が根を張っているが、しばしの自己陶酔を味わい、自分勝手にふるまって生きる。自らの傷ついた魂を元気づけるために、周囲からの表面的な賛美が今すぐほしいのだ。自分に欠けているものや過去に経験した敗北感を隠し、侮辱を受けた体験やフラストレーションをそうした方法でうまく抑圧しているわけである。その背後には、多くのケースで、かつて退学処分になったとか、いじめられたとか、学校生活がうまくいかなかったというネガティブで未解決の体験が見られる。

このような人たちの歩んでしまったコースをたどらないようにしよう。このような行動をとるのが有利であるという機会もあるかもしれないが、そのまま続けると、必ず深刻な精神的歪みが生じるようになる。そして、行き着くところは他者からの承認や尊重ではなく、深い絶望である。知識と体験、倫理的な信念と終始一貫した行動が調和したときにだけ、真の満足が生じるのだから。

一方では、本当にしっかりした知識のある人たちがいるのだが、彼らはその知識ゆえに、知識には限りがあるということを知っている。知識は決して百パーセントということはなく、よりよい洞察への途中にある一断片にすぎないのだ。

知識は麻痺をもたらすこともある。なぜなら知識がますます増えると、疑念と要求も増えていくからだ。特に知識人の社会や、高度な教育を受けた人たちの間に、このメカニズムで苦しむ人が多い。たとえば、いろんな知識があるからこそプロジェクトやプランを始められなかったり、実行に移せなかったりする。知識が広いために、起こり得る多数の問題や影響もわかってしまうからである。最終的には、精神が完全に麻痺することもある。何年も集中的にある分野を研究した人にはこうした現象がよく理解できるだろう。一つの疑問に答えが見つかっても、さらに新しい疑問が二つ出てくるのだ。

【知れば知るほど、できるようになればなるほど、私たちが本当に望むのは何かという問いが重要になってくる】

そうなると、幸せを邪魔するものは知識不足のほうでなく、当人の欲求がどれほどクリアかということのほうが問題なのだ。単に知識（「知っている」ということ）だけを積み重ねてもそれは幸せと満足につながらないということの証しが、今あげた人たちなのである。個人的目標を探すレーダーを調整し直して、「知識」から「本当の望み」の方向に向きを変える必要がある。

たとえば、私たちは次のようなカップルに心当たりがないだろうか。関係が修復困難な段階にまで至っており、関係を維持することに何の将来もないと「知って」いて、互いの利益のために関係を終わらせたほうがいいと思っているのだが行動には移さない。また、他にも、仕事を間違って選んでしまい、自分に不向きだと「知って」いても一生続ける人は多くいる。

両足を前後に一八〇度開いて開脚ポーズを保つのは非常に難しいが、知識と行動の拮抗《きっこう》するような関係は精神的開脚ポーズと言えるだろう。そんな無理な状態を驚くほど長時間続けられる人が世の中にはいるものだ。

たとえば、私たちは、普通使っている電球を省エネタイプの電球に変えたほうがずっと効率もいいことを知りながら、なかなか変えようとしない。もしドイツ中で省エネタイプを使えば、原子力発電所を二基も使わなくてすむのであるが。それからまた、健康保険を半額にすることも可能だろう。ただしこれは、健康面で節約できるような処置をとろうとする気持ちが人々にあれば、の話だ。

また、「喜んでする」と、「いやいやながらする」という二つの強い気持ちに注目してみよう。私たちは普通、この二つは外部から入ってくる予測のつかないもので、コントロールができないというふうに思っている。しかし、この一般的な解釈は間違っている。それ自体が客観的に誰から見ても「興味深い」ものなど存在しないのと同じで、「喜んですること」や、「いやいやながらすること」

は外部から分類されているのではない。思い出してほしい、日常生活で、ものごとや行動や人々や人間関係にそのラベルを貼るのは私たちなのである。それも、私たち自身が常にラベルを作り出して貼るのであって、他の人ではない。

たとえば、「いやいやながらする」というラベルが、まるで自然の法則のように初めから貼られていて当然だと世間一般で思っている行為がある。掃除とか皿洗いは大部分の人がいやいやながらする仕事だろう。しかし、みながそう考えなくてはならないといった法則があるわけではなく、私たちが主観的に「いやいやながらする」部類に入れているのだ。ドイツのローマン・ヘルツォーク前大統領が、公職から生じる毎日のストレスをどう解消しているのかとインタビューを受けたとき、彼はこう答えた。「台所に行って皿洗いをします。これが私のリラックスする方法で、皿を洗っていると新しい考えが浮かんでくるんです」彼にとっての皿洗いは、創造力を培《つちか》う休憩時間なのだった。

さらに具体的な例をあげよう。ドイツでは何百万人もの人がやせたいと思っており、無数にあるダイエット法を実行する。エアロビクスのコースに行き、森や野原でジョギングする。店の棚は、低脂肪、無糖、カロリー少なめ、ビタミン強化を謳《うた》ったダイエット食品であふれんばかりだ。それなのに、肥満の人の数は増える一方である。別の表現をすると、やせたい人たちのニーズに対応する全産業にもかかわらず、私たちの体重は増加し続けるのである。

大部分の人はやせたいという決意を簡単に放棄する。そして六週間後は元通りだ。また初めからやり直し。やせたいという気持ちと実際の行動との間にある深いギャップは明らかに、埋めつくせないほど深い。私たち個人の人生の計画も大体このようなものだ。

この問題は、私たちが「報酬」と「罰」についてじっくりと考え直したときにだけ解決される。新しい行動や新しい計画ではほとんどの場合、一方では不安や怠惰や「いやいやながらする」ことに対して、もう一方では満足や喜びや「喜んでする」ことに対して、どちらの考え方を選ぶかが重要になってくる。今までとは異なる行動やプロジェクトをどのような視点で見るか。私たちは無意識に、それにふさわしい肯定的あるいは否定的意見（ラベル）を当てはめているのだ。

実際の例を見てみよう。

❏ 課題――やせること

「喜んでする」ためのラベル

❖やせると外見がよくなる
❖恋人獲得の成功度が増す
❖体調がよくなり、もっと健康になる
❖シックなドレスが買えるようになる
❖再びスポーツができるようになる
❖難しいことを克服して気持ちがいい

「いやいやながらする」というラベル

❖あとどれくらいの期間これを続けなくてはならないのか？
❖おいしい物がもう食べられないのなら、人生なんてつまらない
❖もう続けられない
❖この減量作戦に耐えられる人などいないだろう。気が変になりそうだ
❖もっと簡単に終わると思っていたのに

この両方が頭の中で何日も何週間も闘いを展開する。一方の側（喜んでする）が勝ったかと思うと、もう片方の側（いやいやながらする）が勝つ。だが、天秤がどちらかにはっきり傾けば勝負がつく。そこで私たちは決着をつけるのだが、おおかたはネガティブである不成功側が勝利を収める。恐れと怠惰は現状を維持するためにパワフルな同盟関係を結んでいるので、克服はそう簡単でない。

しかし、他の誰でもなく、あなた自身がその闘いからどのような結果を出すのかが大切である。思考はすべてあなたのコントロール下にあり、「喜んでする」ことと「いやいやながらする」ことのラベルを選ぶのはあなたなのである。つまるところ、あなた以外の誰も思考の選択を引き受けることはできないのだ。

最も重要な問いは常に、「あなたが本当に願っている(願っていた)のは何か？」である。自分の「知

識」を実行に移すか、それとも、すべてを味気ない理論としておいて、これまでどおりに退屈なルーティンをこれからも続けていくのかどうか、あなたが決断する。またもや決断はあなたしだいなのである。

第7章……今日は、あなたの残りの人生の第一日目

幸福について、あなたはすでにいくつかのことがこの本でおわかりになっただろう。さあ、たくさんのパズルを一つの絵となるように組み合わせるときが来た。人のアドバイスや見識を何もかも聞き入れる人はいないだろう。本書においても、これまで紹介してきた多数の観点から最も自分の心にしみること、自分にとって最も大きなチャレンジとなる課題を探し出せばいいのだ。

忘れないでほしい。幸福は決して単独で成り立つものではないことを。不運や、少なくとも困難な時期がなければ幸福もない。幸福だけでなく、人生の慰めにもそれが言える。困難な時期は私たちのために慰めを用意してくれているのである。

人生はどこか天気と共通するところがある。太陽が常に輝いていたら、私たちは気持ちがいいと感じないだろう。いつのまにか、よくない考えを心に招いてしまうだろうし、何もしないでぶらぶらするだけになって倦怠感を覚えるだろう。激しい土砂降りや、私たちの人生を吹き荒らすような嵐や、後にすがすがしい空気をもたらす雷雨もまた私たちに必要なのだ。その後に私たちは再び太

陽の光と青空を見て嬉しく思うのだから。

1＊心を開くこと、人間関係を癒すこと

あなたがここまで読み続けてくださったということは、あなたは本気で自分の人生の方向転換を願っているということだろう。読むだけでおしまいにしないでほしい。望んだ変化が起きるように、眠っている感動と生きるためのエネルギーを目覚めさせよう。自分の人生を受け身で耐え忍ぶのではなく、自ら選択し、適切な行動を通して生きるというかたちに変えよう。その際、じょじょに恐れや怠け癖を克服し、愛について心を開くことができたら、驚くような進展があるだろう。ここで述べる「愛」とは、男女関係や自分の子供に限るのではなく、おおざっぱに言えば、自分の仕事や仲間や自然に対しても愛情を向けようという意味である。

急ぎすぎて、自分で決めた人生の基準を下回らないよう注意しよう。それは私たちが生きる時代の病気なのだから。あなたが人生のどこに立っていようと、その時点から一段とよくなることができ、ずっと感動のある生き方ができ、もっと多くの喜びを溢《あふ》れ出させることができる。

感動の火を自分の人生にともそう。感動がなければ、あなたは自分の人生を種火《たねび》の状態のままで生きていることになる。あなたはそのような小さな火で生きるためにここにいるのではない。その種火は、火を大きくして本当の火にするためにのみあるのだ。いつまでも種火のままだとしたら悲

しげで、みじめだ。それはあなたの可能性と才能の浪費なのである。

また、あなたは自分の身体がどんなに重要かということも知っているだろう。身体は大切にされたがっている。身体を大切にしてこそ、私たちは身体と精神と魂のパワーが奏でる三和音を思う存分発揮させることができるのだ。

ビタミン剤をいろいろ飲んでも、ジョギングや厳格なダイエットをしても、すばらしい効果のあるクアハウスに行っても、瞑想の練習をしても、どの方法もそれだけで私たちの生存にかかわる脅威を遠のかせてくれるわけではない。私たち各人に「そのとき」は訪れる。その脅威は、私たちに一生ついてまわる。つまり、私たち自身の死である。今述べた手段を用いて、うまくいけば余命を伸ばすことはできるだろう。高齢になっても衰弱することなく、生き生きと精力に満ちて過ごすことができるかもしれない。けれども、死というものの存在自体を変えることは決してできない。

だが、実のところ、多くの高齢者は自分が死ぬことを怖いと思っているのではなく、怖いのはどちらかと言えば病気や、身体がゆっくりと衰弱していくことのほうだろう。

そして私の経験から言うと、死の本当の脅威は主に他の原因から来ているようだ。要するに、人生が終わりに近づいて過去を振り返ったとき、「まだ人生を十分に生きていない」「一生を通じて切望し、夢に見ていたことをまだしていない」という恐ろしい考えである。

人生を歩むうちには夢の内容も変化する。齢を重ねると、他者に対して温柔になり、間違いや欠陥を許せるようになる。それでも、夢が実現しなかったということについての不満はくすぶっていて、そう簡単に私たちから消え去ることはない。どんな夢があるか、もしくはどんな夢があったかが問題なのではない。マウンテンバイクの専門店を持ちたかったのかもしれない。アイガー北壁を登りたかった、すばらしいダンサーになりたかった、パイロットのライセンスをとりたかった、医者になる勉強をしたかった、ピアノが弾けるようになりたかった、外国語を話せるように勉強したかった……。どれも可能なことだ。しかし、それが可能な期間として開いている窓は、どの人の場合でもいつか閉じるのである。

そのとき私たちは新しい夢を生き、自分の生きている「今」のために、失ったチャンスから正しい教訓を引き出さなければならない。自分の過去を振り返るときに怒りを感じたくなかったら。また、不平とフラストレーションだらけで嘆いてばかり、というふうになりたくなかったら。

壮大で華々しい夢やプロジェクトは、青年と若い成人の特権である。もしあなたがまだ若いとしたら、もしくはまだ若いと思っていたら、やってみることだ！　しかし、七〇歳だとしたら、南極を徒歩で横断しようとか、八千メートルの山に登ろうとはまず思わないだろう。また、自分で選んだプロジェクトのために静かにこつこつと地味な仕事を続ける人もいる。そのような人にとっては、大きな夢をかなえることのほうが満足できるというものでもない。自分の地域社会で恵まれない人たちのために何かをするという社会参加に満足を見つけることもできるし、創造的なチャレンジであれば、職業や個人生活の中にも同じように満足を見つけられるだろう。

私たちは人生で多くのことを得ることはできるが、何もかも全部というわけにはいかない。若い人たちの中には、自分が本当はどんな人間なのか、人生で何を本当に望んでいるか、まだ見つけ出してもいないのに、キャリアを積むために早々と多忙な日々に突入する人が多い。また、子供のいる家庭を築いて静かな人生を送りたいと望む人が、エネルギーをことごとく出世競争に費やすことになったら失望するかもしれない。一方で、冒険家タイプの人であれば、行動とチャレンジの刺激が感じられない生活には満足しないだろうし、主婦（主夫）としての役割だけでは幸せだと思わないかもしれない。

人生での自分の役割に喜びを感じる人や、自分の個人的な生き方を選び抜いて決めた人や、仕事や個人の生活に満足を見つけた人にとっては、死はほとんど恐怖とならない。別の表現をすれば、こういうことだ。本当に自分の人生を生きれば、きっと最後の日にも落ち着いていられる。自分自身の消滅という事実から逃れる必要がなくなり、私たちみなに関係のある個人的な悲劇を賢明に堂々と受け止めることができるだろう。そのうえ、もしかしたら、死は安らぎをもたらすこと、あるいはポジティブなことになるかもしれない。

「他界では何かが私たちを待っている」と私個人は思っている。それは至福の世界と言ってもいいものだろう。この推測は、いわゆる臨死体験をした人たちの話を聞けばもっともであるように思える。事故に遭遇したときや、危篤状態になったときに、数分間、生と死の間で未知の空間にいたと彼らは話す。どの人も、明るい光に満ちた世界と無条件の愛について報告している。それは地上の人間が理解できないほど強く、深いというのだ。それならば、私たちは他界についての希望もあるわけだ。他界のことを想像すると、私たちの意識は開け、日常の問題はちっぽけなものになってしまう。

それでも、今ここにある個性、能力、記憶を持った自分自身が消滅することをよく考えれば、充実した今生での人生を力強く生きるためにはあらゆることをしたほうがよいという認識が深まるだろう。責任から巧みに逃れるような生き方や、人生で実際には可能かもしれないことを最小限しかしないという生き方はしないでおこう。たいていの場合、この世界ではあなたが思っているよりずっと多くのことが可能なのだから。確実に、もっと多くの心遣い、思いやり、寛容さを他人に示すことができ、もっと多くの喜びが得られるのだ。

ところがこれまで見てきたように、それが大部分の人たちにとって容易でないのだ。なぜなら、いわゆる「人間関係のゴミ」が詰まったリュックサックを背負って歩き回っているから。その中身は、あいまいで中身のない人間関係や、きちんとした話し合いと明確さに欠けていたために壊れてしまった関係や、短期の満足と怠惰の世界への逃避という行動から出たゴミなのだ。価値ある友情は、私たちがそれを保つ努力を怠ったせいで消え去り、枯れてしまった。それに加えて、失望に終わった夢やあこがれ。

チャンスがあったとき、あまり恐れずに受け身でなかったら、そして、もっと勇気とエネルギーがあったら実現できたかもしれないのに。しかし、私たちが何歳であってもいいのだ。リュックサックに入っている一杯のゴミを今日からでもいくらか減らすことができるのである。

ここに提案するのは、そのための練習である。

2 ＊心のゴミを捨てて、エネルギーを解き放つ練習

心の中で、一人の人間を想像してみよう。あなたとの関係がうまくいかないままに終わった相手。実らなかった恋愛の相手。あなたをばかにして、あなたに悔しい思いをさせた相手。あなたが復讐してやりたい気持ちになる相手。あなたがまだ心に引きずっている人たちのことを想像するのだ。

そして、次に、立場を入れ換えよう。目を閉じて、数分間その相手の立場になってありありとリアルに考えてみる。その人に欠けていると思えるものや、痛みや、その他の「欠点」を想像して、コンタクトをとってみよう。瞑想するときのような静かな環境でそれをするのが理想的だ。もしあなたがその相手に欠けているものや、痛みをはっきりと感じることができてきたら、心を開いて、その中に和解のためのスペースをつくろう。相手はあなたを傷つけようと思ったわけではなく、そうするほかなかったのかもしれない。その人自身の痛みと欠けているものが大きすぎて、あなたを傷つける以外にとる方法を知らなかったのかもしれない。

一回目でうまくいかなくても、再び試してみよう。

和解の精神が心に入ってきたとき、許しの温かい気持ちを感じたとき、この練習の重要な部分が始まる。次には、その人と実際にコンタクトをとってみよう！　電話をかける。あるいは手紙やメールを書く。

うまくいかないままに終わった関係を癒すために、尊厳を保った状態で関係を終わりにするために、また、納得のいく解決法を見つけたりするために、この練習は非常に効果がある。たとえば、自分の内面に居座る大きな山、つまり、関係がうやむやに終わって生じた感情のわだかまりを、この練習で少しずつ小さくしていくこともできる。そうやって、よどみの中にあった貴重なエネルギーを解き放つのだ。そうすれば、私たちはそのエネルギーを、自分の人生における新しいプロジェクトや、人生の喜びをもっと得ることのために使うことができる。ただ、ほかでもないあなたがそれを実行する必要がある！

もし、この練習を退けることなく実行すれば、すばらしい幸福感と深い満足感を体験するだろう。もうないと思っていた精神のエネルギーが突然自分の中に感じられるだろう。新たに加わったそのエネルギーは、人生で他にもしたいと常に思っていたことを思い切ってするために役立つ。

＊　＊　＊

この本から、「幸せ」と「満足」に関するいくつかのことがおわかりになったと思う。幸せに至るための、完全にあなた個人の道を探し、それを見つけ出すための勇気が出たならば、私の願いはかなえられたと言っていい。

あなたはこれから、幸せを見つける旅に出る。

この旅には終わりがないのだが、それでも最初の一歩をもって始まる。精神分析の権威であるフロイトは七〇年以上前、「幸福の物語とは、永遠に続く失敗と間違った場所を探す物語である」と考えた。「人間が幸せであろうとする意図は、神の創造した計画に入っていない」と、フロイトは古典的エッセイ、「文化の不安」の中で書いている。私はフロイトの悲観主義には賛成できない。

彼は幸せを見つけることができなかったのだろう。彼自身間違った場所を探していたのだと思う。

もっとも、幸せとはシャイで、敏捷な鹿のようなものだ。つまり、自ら近づいて来るものではないので、私たちは常にそれを求めて出かけなければならない。そうしないと幸せはさらに遠のいてしまう。とはいえ、強制と幸せとは相容れない。幸せを無理に手に入れようとすればするほど、それはいっそう確実に私たちのもとから滑り落ちてしまうから。幸せは誰でも得ることができるが、直接的な手段では無理であり、特に権力、地位、物質に対する貪欲さといった、喧騒《けんそう》に満ちた今の時代の風潮にあっては決して得られない。

幸せを得るには有利な条件と不利な条件がある。あなたはその条件に自らよい影響を与えることができる。この本で述べてきた精神のありかたを実践し、勇気ある決断をすれば、有利な条件の大部分は自分自身で得られるのだ。

幸せとは、意味ある人生の副産物である。さらに、謙虚さと思いやりを育てることができれば、あなたの行く道はこれからも順調だろう。そこにまた、深い感謝の気持ちと適当なユーモアが加われば、人生の浮き沈みに惑わされることなく落ち着いて過ごせるだろう。

特に感謝の気持ちは私たちの社会で最も忘れられており、それは他のことと比べて優遇されていない。ただ、あなたが本当に心の底から感謝ができる人であれば、同時に不幸な人にはなりえないはずだ。貪欲、エゴイズム、恐れはそのときトランプで組み立てた家のように崩壊して、あなたに対して何の影響も及ぼさなくなるだろう。そして、自由への門は大きく開かれるのである。

そのとき、幸せと満足はあなたの心の中にどっと流れ込んで、あなたの存在をすばらしい方法で魔法にかけてくれるのだ。

忘れないでおこう。今日はあなたの残りの人生の第一日目なのだということを。その日を、行動することで始めようではないか！

訳者あとがき

著者のヴェルナー・クラークはドイツの心理学博士である。彼が個人セラピーを行う診療所は、フランクフルト国際空港からアウトバーンを二〇分ほど車で行った町にある。門に掛かっている看板は電話帳ほどの大きさしかなく、うっかり見逃してしまいそうだ。ドイツでは医院や診療所の看板のサイズにもルールがあるのだ。

本を読んで彼のセラピーを受けたいと思う人は、遠方からも車をとばしてやってくる。緑に囲まれたその診療所では、部屋の大窓からヘーゼルナッツと桜の木々が見え、野生のリスたちが枝から枝へ駆けまわっている。もっとも、この緑豊かな自然環境だけでなく、彼の笑顔と気さくさは、心理療法家という少々いかめしい肩書きを忘れさせるに十分だろう。

本書のテーマは、私個人にとっても大変興味深かった。私は翻訳の仕事にとりかかると、時間の感覚がなくなってコンピュータの前から一日中離れないことがある。次のパラグラフ、次の頁、次の章に書いてあることが早く知りたくてたまらなくなるのだ。本書の場合もそうだった。ただ、ドイツ語という言語の複雑さと難しさを再認識する毎日でもあった。たとえば、日本語にない単語を、いかにニュアンスを変えず翻訳するかでは苦労した。しかし、自分にとっての成功とは何か、自分の本当の幸せとは何かを考えてみる、またとない機会でもあった。そして、自分が他者や物事に対してどんな「ラベル」を貼っているのか分析して、先入観を取り除き、評価を変える練習もできた。(おかげで最近、あまり怒らなくなった!)

また、本書の第4章で描写している「嘆きの谷」の会員登録をすませたような不平家は私のまわりにもいる。アドバイスのつもりで、ああしてみたら、こうしてみたらと私が一生懸命言ってみたところでほとんど何の役にも立たず、本書でも指摘してあるように、「それができない理由」を聞かされるのがオチだった。その人たちには是非、本書を読んでみるよう薦めるつもりだ。

実を言えば、私自身も「嘆きの谷」に行くことがあるのだから他人事ではない。言い訳を並べ立てて、しなければならないことを一日また一日と延期したり、自分の失敗を人のせいにしたい気分になったりしたとき、私は本書を開く。紙とペンを手に、自分のいる位置を確認し、物事の評価や私個人にとっての幸せについて考え直しているうちに、「嘆きの谷」から出ることができて、前より少し元気になっていることに気づくのだ。

なお今回の翻訳にあたっては、著者の同意と協力を得て、原書の論旨を損ねない範囲内で全体の文章量をよりコンパクトにし、その一方、「嘆きの谷」に安住することに甘んじなかった人々の、ドイツでの実例をいくつか追加した。

最後に、本書を出版へと導いてくださった日本教文社の永井光延専務、田口正明第二編集部長、それから訳文の検討をしてくださった田中晴夫氏に、こころから感謝の意を述べたい。

二〇〇七年五月

小野　千穂

✶訳者紹介——**小野千穂**（おの・ちほ）＝熊本県立女子大学を卒業後、渡米。サウジアラビア、中国、カナダを経て、現在ドイツ在住。ライター、英語、中国語、ドイツ語通訳、翻訳家。著書に『素顔のアラブ』（三修社文庫）、『旅。中国みつけた！』（サンケイ出版）、『上海、劇的な……いま！』（朝日ソノラマ）、訳書に『気の人間学』（矢山利彦著、講談社インターナショナル、英訳）、『天国の住民が教えてくれること』（ポール・ミーク著、新紀元社、邦訳）『ペットたちは死後も生きている』（ハロルド・シャープ著、日本教文社、邦訳）がある。
http://www.onochiho.com/

★著者紹介――**ヴェルナー・クラーク**（Werner Krag）＝ドイツ・ミュンスター大学、米国フォート・ワース・テキサス大学、カリフォルニア大学の人間研究センターでゲシュタルト療法、認知療法、論理情動療法など各種心理療法を学ぶ。ミュンスター大学病院で心身症患者の心理療法インターンとして従事した後、ドイツ・オスナブリュック大学で心理学の博士号を取得。また同時期に、自然療法医の資格を取得。現在、心理療法カウンセラー、自然療法医として診療所を経営。個人、企業、グループを対象にカウンセリングも行う。
http://www.werner-krag.de/

なぜ私《わたし》は、幸《しあわ》せではないのだろう？
——人生《じんせい》を変《か》える「幸《しあわ》せ型《がた》」思考《しこう》システム

初版第 1 刷発行　平成 19 年 7 月 20 日

著者　ヴェルナー・クラーク
訳者　小野千穂（おの・ちほ）
発行者　岸　重人
発行所　株式会社 日本教文社
〒107-8674　東京都港区赤坂 9-6-44
電話　03-3401-9111（代表）　03-3401-9114（編集）
FAX　03-3401-9118（編集）　03-3401-9139（営業）
振替　00140-4-55519

装丁　清水良洋 (Malpu Design)
印刷・製本　凸版印刷

ISBN978-4-531-08161-5 Printed in Japan

●日本教文社のホームページ　http://www.kyobunsha.co.jp/
乱丁本・落丁本はお取り替えします。定価はカバー等に表示してあります。